国際経済学

鎌田伊佐生・中島厚志

[著]

日評ベーシック・シリーズ

日本評論社

はしがき

　「経済のグローバル化」、「グローバル社会」などといった言葉をあちこちで目や耳にするようになって久しい。今日の我々の日常生活は外国とのやりとりや取引にあふれ、それらなくして成り立たないものとなっている。外国とのこうしたモノやサービス、おカネを通じたやりとりや取引に関する学問が国際経済学であり、国際経済学を学ぶことは今日の我々の生活がどのように成り立っているのかを理解するうえで重要である。しかしながら、日々の生活において目に見える形で外国とのやりとりに触れたり意識したりする機会が少ないからだろうか、「国際経済学」と聞くと自分たちにはあまり縁のない外国や国の集まりの世界の話だと思われる向きが（特に大学に進学して間もない年代の方々には）多いように思う。

　本書は、主に国際経済学の初学者あるいは大学で経済学を学び始めたばかりの学部生に向けて、国際経済学とは何なのか、どのようなテーマを扱う学問なのかを知ってもらうことを目的として著したものである。国際経済学には大きく分けて国際貿易（論）と国際金融（論）という２つの学問分野が存在するが、本書では第Ⅰ部を国際貿易編（第１章〜第７章、執筆：鎌田）、第Ⅱ部を国際金融編（第８章〜第12章、執筆：中島）として、両分野を扱っている。国際経済学について日本語で書かれたテキストには入門書も含め、国際貿易と国際金融の両方をカバーしたものはそれほど多くない。本書では１冊を通じて読者がこれら両分野を含む国際経済学の全体についてその基礎を学べるような構成とした。また、それぞれの分野のテーマやトピック、内容については標準的・従来的（conventional）なものから比較的新しいものまでを扱い、事例やデータについても可能な限り直近のものを紹介するよう心がけた。本書が、読者が国際経済学の基礎を理解する一助となり、またその諸テーマについてさらなる学修や探求を志すきっかけになれば、筆者として望外の喜びである。

i

本書の内容は主として、筆者が在籍する新潟県立大学において国際経済学部の1年生向けに開講している「国際経済学入門」の講義が基となっており、本書の記述には同科目を受講した学生諸君からの直接・間接のフィードバックが活かされている。ただし、初学者に分かりやすくエッセンスを説明することを重視しており、学問的・理論的な説明を単純化したところもある。そうした部分についての厳密な議論や詳細については、国際貿易・国際金融それぞれに関する中級以上のテキストや講義で学修または補足していただきたい。また、いわゆるコロナ禍を経たグローバル経済には新たな事態や問題、議論も様々持ち上がっているが、それらを十分に論じることはできておらず、今後の研究の進展を待つこととしたい。

　最後に、本書の企画と執筆を筆者に提案くださった前・日本評論社第2編集部の斎藤博氏に対して深い感謝の意を表したい。また、氏の御退職後に本書の企画を引き継ぎ、遅筆の筆者を辛抱強く督励し続け本書の完成に導いてくれた同編集部の道中真紀氏に心から感謝申し上げるものである。

2024年8月

鎌田　伊佐生
中島　厚志

目次

はしがき…**i**

第Ⅰ部　国際貿易

第1章　**国際貿易概観**…**2**
　　1.1　イントロダクション：世界の貿易とGDP…**3**
　　1.2　世界の財貿易…**4**
　　1.3　世界のサービス貿易…**17**
　　1.4　日本の貿易…**20**

第2章　**比較優位と貿易の利益**…**25**
　　2.1　イントロダクション：国際貿易、比較優位、貿易の利益…**25**
　　2.2　比較優位の貿易理論：エッセンス…**28**

第3章　**製品差別化と産業内貿易**…**38**
　　3.1　産業内貿易とは…**38**
　　3.2　産業内貿易を統計データでどうとらえるか…**41**
　　3.3　産業内貿易のメカニズム…**45**

第4章　**貿易政策とその影響**…**50**
　　4.1　自由貿易と貿易の利益：市場のモデルによるとらえ方…**50**
　　4.2　関税とその効果・影響…**56**
　　4.3　関税以外の政策の効果と影響…**60**

第5章　**国際貿易の制度とルール**…**65**
　　5.1　イントロダクション：世界の貿易政策の歴史概観…**65**
　　5.2　WTOと世界貿易の制度…**67**
　　5.3　WTOの下での国際貿易ルールの基本…**70**
　　5.4　ドーハ開発アジェンダ…**75**

iii

5.5　地域貿易協定…**77**

第 6 章　**国際的な労働や資本の移動**…**81**
　　6.1　国境を越えた資本や労働の移動：イントロダクション…**81**
　　6.2　労働の国際移動：労働移民…**83**
　　6.3　資本の国際移動：国際投資…**93**

第 7 章　**企業の国際化と貿易**…**100**
　　7.1　企業の国際化とその様態…**100**
　　7.2　国際化企業の特徴…**102**
　　7.3　企業の国際化がもたらす経済的影響…**112**

第Ⅱ部　国際金融

第 8 章　**国際収支と国際貸借**…**118**
　　8.1　国際金融の意味…**119**
　　8.2　国際収支統計…**122**
　　8.3　経常収支の説明モデル…**128**

第 9 章　**外国為替市場と為替レート**…**136**
　　9.1　外国為替市場の仕組み…**137**
　　9.2　外国為替取引と外国為替レート…**140**
　　9.3　デリバティブ取引…**147**

第10章　**為替レートの決定理論**…**153**
　　10.1　為替レート決定理論の考え方…**154**
　　10.2　長期の為替レート決定理論…**157**
　　10.3　短期の為替レート決定理論…**161**

第11章　**国際通貨制度と通貨危機**…**170**
　　11.1　為替相場制度…**171**
　　11.2　通貨危機…**179**

第12章　**国際金融市場**…188

　　12.1　国際金融市場の分類…188

　　12.2　国際金融市場を支える枠組み…194

　　12.3　国際金融市場の課題…199

参考文献…202

索　引…204

v

第Ⅰ部

国際貿易

第1章

国際貿易概観

　我々が「グローバル化」という言葉を耳にする機会は少なくないが、グローバル化とは何を指すのであろうか？　経済の観点から言えば、それはモノやサービスの国境を越えた取引や移動、ヒトや企業およびその活動の国境を越えた移動や展開、おカネや資本の国境を越えた取引や移動、またはそれらの増加・拡大や進展のことを指していると言えるだろう[1]。国際経済学とはこうした経済のグローバル化あるいはグローバル経済について考察する学問であるが、その国際経済学はさらに2つの分野に分けられる。ひとつは**国際貿易（論）**であり、前述のグローバル化のうち国境を越えたモノやサービスおよびその生産要素や主体であるヒトや資本や企業活動の越境移動を扱う学問である。もうひとつは**国際金融（論）**であり、上述のグローバル化のうち国境を越えたおカネや資本の取引や移動を扱う[2]。本書では第Ⅰ部（第1章から第7章）が国際貿易に関するテーマを、第Ⅱ部（第8章から第12章）が国際金融に関するテーマをそれぞれ扱うが、本章では本書の前半のテーマである国際貿易について、世界と日本における現況を統計データを使いながら概観することとしたい。

---

1 ）なお、経済以外の側面から言えば、「グローバル化」には文化や思想、アイデアなどの国境を越えた拡がりや浸透も含まれるであろう。

2 ）なお、国際金融（論）には、国々の金融政策や財政政策の国際的な効果や影響を考察する学問という側面もあり、この点から「国際マクロ経済学」とも呼ばれる。

002　**第Ⅰ部　国際貿易**

図1.1 1990年〜2022年の世界の実質GDPと財・サービス輸出額の推移

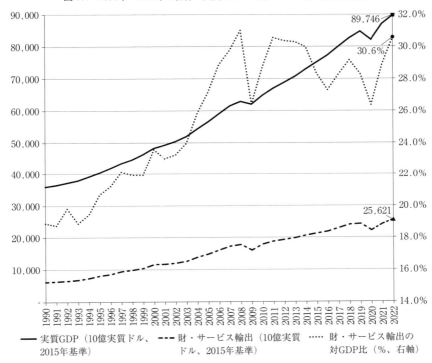

- 実質GDP（10億実質ドル、2015年基準）
- 財・サービス輸出（10億実質ドル、2015年基準）
- 財・サービス輸出の対GDP比（％、右軸）

データ元：世界銀行『世界開発指標』（*World Development Indicators*）データベース

1.1 イントロダクション：世界の貿易とGDP

図1.1には、1990年から2022年の30年余にかけての世界の貿易額（輸出額ベース）[3]の推移を、同時期の世界のGDP[4]の動きと合わせて示したものである。貿易にはモノの貿易（財貿易または商品貿易（merchandise trade））とサービス

---

[3] 貿易には輸出と輸入の2側面があるが、ある国の輸出は別のある国の輸入であるので、世界全体で見れば輸出と輸入は同じ額になる筈である。ただし実際には、統計のとり方等の理由により世界全体でも統計上の輸出額と輸入額は完全には一致しない。

[4] ここでは世界各国の国内総生産（Gross Domestic Product：GDP）の総計。

の貿易（商業サービス貿易（trade in commercial services））とがあるのだが、ここではその両方を含んだ貿易の総額が示されている。また、貿易額も GDP も実質値（米ドル、2015年基準）の推移[5]を示している。過去約30年間、基本的には世界の経済規模（GDP）の拡大・成長に伴い貿易の規模も着実に拡大・成長してきた。世界の GDP は1995年には約40兆ドルであったのが2017年には約80兆ドルと倍増したが、同じ期間に世界の貿易は約8兆ドルから23兆ドルへと3倍近く増加した。ただし近年、2009年には世界金融危機（いわゆるリーマン・ショック）の影響により、また2020年には新型コロナ感染症の大流行の影響により、世界の GDP も貿易額もともに大きな下落を経験した。いずれの場合もその翌年には急激な回復を示したが、いずれのケースでも GDP が下落前の水準を超えて回復・成長を遂げたのに対して貿易額は下落前の水準に戻る程度の回復にとどまった。なお、図中の点線（値は右側の縦軸）は各年における世界の貿易総額の対 GDP 比の推移を示している。年や時期によって細かい増減はあるものの、1990年代前半に15％程度だった貿易額対 GDP 比は世界金融危機直前の2008年には30％を超えるまで順調に拡大しており、世界経済全体における国際貿易の重要性は増してきたと言える。ただしそれ以後近年の貿易額対 GDP 比は若干の増減を繰り返しつつ30％前後でとどまっている。

1.2　世界の財貿易

　それではまず、本書第Ⅰ部（特に第2章から第4章）で紹介する経済学理論が主たる対象としている財貿易すなわちモノの貿易に焦点を当てて、世界の現況を概観してみよう。

5）実質値とは、通貨価値の下落すなわちインフレーションを考慮・調整した値である。モノやサービスの価値が変わらなくてもインフレーションによりその金額（名目値）は年々大きくなってしまうため、貿易や GDP など経済活動の規模の推移を見る際にはインフレーションの影響を取り除くために実質値で見ることが重要な場合がある。

004　第Ⅰ部　国際貿易

表 1.1　戦後の世界の商品輸出額の推移

（単位：10億ドル）

1948年	1953年	1963年	1973年	1983年	1993年	2003年	2022年
59	84	157	579	1,838	3,688	7,382	24,312

（出典）WTO（2023）*World Trade Statistical Review 2023*（Table A4より抜粋）

1.2.1　概況

表1.1には、第二次大戦のほぼ直後である1948年から現在（2022年）までの間に世界の貿易がどれだけ拡大してきたかが輸出額（ドル建て）の推移で示されている。これを見ると、戦後約75年の間に世界の貿易は実に400倍を超える規模にまで拡大してきたことになるが、ここに示された貿易額は名目値であるため戦後から今日までのインフレーションの影響が含まれてしまっている[6]。アメリカのGDPデフレーターに基づけば2022年のドルの価値は1948年の約10分の1となっているが[7]、それを考慮しても、世界の貿易はこの間に40倍を超える規模にまで拡大してきたことになる。このように世界の貿易の規模が拡大してきたのは、それぞれの国が貿易を拡大してきたのと同時に国際貿易に参加・従事する国の数が拡大してきたからである。

　もう少し近年の動きに焦点を当ててみよう。**図1.2**は2001年から2022年の間の世界のモノ貿易（輸出額）の推移とともに各年の伸び率の推移が示されている。貿易額とその伸び率はいずれも名目値（ドル）ベースでありインフレーション等による価格変化の影響が含まれてしまっているため、数量ベースでの実質伸び率もあわせて示している（点線の折れ線）[8]。前節1.1で見たモノとサー

6）世界のモノ貿易（商品貿易）の統計データでは貿易額は基本的にすべて名目値で示されている。したがって、本章ではこれ以降モノの貿易に関するデータは名目値での金額をベースとしたものとなっている点に留意願いたい。

7）アメリカのGDPデフレーター（2010年基準）は1950年が13.61、2022年が131.62となっている。またアメリカの消費者物価指数（CPI、2010年基準）に基づけば、1950年の11.03から2022年の134.21とインフレーションによりドルの価値は12分の1以下に下落している。なお、これらの数値はいずれもIMFの国際金融統計（International Financial Statistics：IFS）による。

8）数量伸び率は金額伸び率よりも増減いずれの場合も変化の幅が小さくなっている点にも注目せよ。

第1章　国際貿易概観　**005**

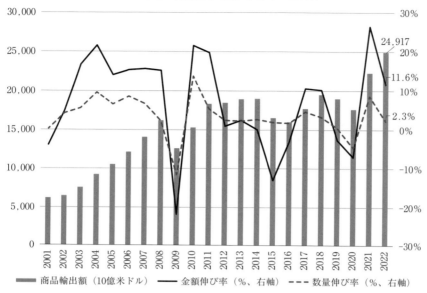

図1.2　世界の商品輸出の推移（2001年〜2022年）

データ元：WTO統計データベース（WTO STATS）

ビスの貿易全体の推移と同様に世界金融危機およびコロナ・ショックによる大規模な落ち込みとそれぞれその翌年の急回復が特徴的であるが[9]、実はコロナ・ショックの前年の2019年に世界のモノ貿易は既に縮小を見せ始めていた（金額伸び率は前年比マイナス、数量伸び率はほぼゼロ）。これは当時トランプ政権下のアメリカと中国という世界最大の貿易国2か国の間の貿易紛争の影響によるものであろう。

　ここで、近年の世界のモノ貿易に見られる特徴的な現象をひとつ指摘しておきたい。前掲の**図1.1**で見たとおり、世界の貿易は世界経済（GDP）の拡大とともにその規模を拡大してきたが、貿易の拡大・成長のスピードは長らく

9）なお、2015年にも貿易額は前年から10%を超える大幅な下落をしたが、これは資源価格の下落が主な背景にあったと考えられる。同年の数量伸び率のほうはこれとは対照的に前年までとほぼ同規模のプラスであった。

図1.3　世界の輸出数量伸び率と実質GDP成長率の比較（1990年〜2022年）

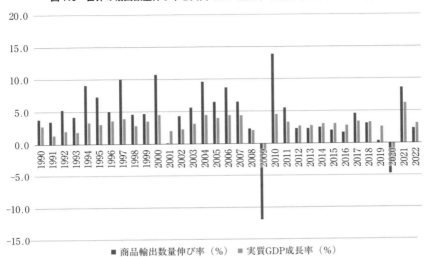

データ元：輸出数量伸び率はWTO統計データベース（WTO STATS）より。実質GDP成長率は世界銀行『世界開発指標』のデータをもとに筆者が計算。

GDPの成長スピードを上回っていた。しかしながら近年、この貿易とGDPの成長スピードに逆転傾向が見られる。図1.3では1990年以降の毎年のモノ貿易の実質成長率（数量伸び率）を実質GDP成長率と比較して示しているが、世界金融危機による落ち込み（2009年）と翌年の急回復以降、貿易の伸び率がGDPの成長率を下回ることが多くなっていることが分かる。2011年からコロナ・ショック前の2019年までの年平均率で比べると、実質GDP成長率が3.0%であったのに対して貿易の数量伸び率は2.7であった。この背景にある要因については様々な指摘や考察がされているが、この現象[10]が今後も続くのかどうかは世界貿易の行方を考える上での重大な関心事と言えよう。

---

10) 日本語ではこの現象を称して「スロー・トレード」と一般的に表現されている。なお英語では "trade slowdown" などの表現が用いられるようである。

表 1.2　商品貿易額上位10か国と

(a)国別地域別ランキング

	輸出			輸入		
	額(10億ドル)	シェア(%)		額(10億ドル)	シェア(%)
中国	3,594	14.4	アメリカ	3,376	13.2
アメリカ	2,065	8.3	中国	2,716	10.6
ドイツ	1,655	6.6	ドイツ	1,571	6.1
オランダ	966	3.9	オランダ	899	3.5
日本	747	3.0	日本	897	3.5
韓国	684	2.7	イギリス	824	3.2
イタリア	657	2.6	フランス	818	3.2
ベルギー	633	2.5	韓国	731	2.9
フランス	618	2.5	インド	723	2.8
香港	610	2.4	イタリア	689	2.7
世界全体	24,905	100	世界全体	23,567	100

（出典）WTO（2023）*World Trade Statistical Review 2023*（Table A.6より抜粋）

1.2.2　どのような国がたくさん貿易しているのか？

　次に、国や地域の観点からモノ貿易の状況を見てみよう。**表1.2**は、輸出・輸入それぞれについて2022年の貿易額の上位10か国を示している。個別国でみた順位は(a)表に示されているとおりである。10番目前後の国々の順位は年によって多少の入れ替わりはあるものの、輸出入ともに上位7か国の顔ぶれも順位も過去10年ほどの間ほとんど変わっていない。また、世界の輸出入の半分は貿易額の多い上位10か国が占めている。近年の動向で顕著なのは世界貿易における中国の存在感の高まりであろう。2001年12月に世界貿易機関（WTO）[11]に加盟して以降中国の貿易は輸出入ともに急拡大してきた。**図1.4**が示すとおり、輸出では2007年にアメリカを抜いて以降その差を拡げてきており、また輸入でも2009年にドイツを抜いて第2位になって以降第1位のアメリカとの差を縮めている。

　なお、表1.2の(b)表には、欧州連合（EU）加盟の27か国をひとまとめにした順位を示している。EU加盟国は単一市場を築いて加盟国間（EU域内）の貿

11）WTOについては本書第5章で詳しく取り上げる。

008　第Ⅰ部　国際貿易

世界貿易におけるシェア（2022年）

(b)EU 域内貿易を除いた（EU27か国をひとまとめにした）場合

	輸出			輸入	
	額(10億ドル)	シェア(%)		額(10億ドル)	シェア(%)
中国	3,594	17.6	アメリカ	3,376	15.8
EU（27か国）	2,704	13.2	EU（27か国）	3,155	14.8
アメリカ	2,065	10.1	中国	2,716	12.7
日本	747	3.7	日本	897	4.2
韓国	684	3.3	イギリス	824	3.9
香港	610	3.0	韓国	731	3.4
アラブ首長国連邦	599	2.9	インド	723	3.4
カナダ	597	2.9	香港	668	3.1
メキシコ	578	2.8	メキシコ	626	2.9
ロシア	532	2.6	カナダ	582	2.7
世界全体	20,460	100	世界全体	21,313	100

（出典）WTO（2023）*World Trade Statistical Review 2023*（Table A.7より抜粋）

易をあたかも国内での取引のごとく自由化しており、また加盟国以外の国々との貿易に関する政策（関税[12]など）を全加盟国で共同して決定・適用しているため、貿易においてはひとつの主体としてとらえることもできるのである。しかし、本表に示されているとおり、EU 加盟27か国をひとまとめにしても最大の貿易国（輸出では中国、輸入ではアメリカ）を上回るには至らず、それぞれ第1位の国がいかに大きなシェアを占めているかが分かる[13]。

域内貿易

　表1.3には、世界を主要地域に区分し[14]どの地域からどの地域に貿易（輸出）が行われているか（2022年）を示している[15]。この表から、同一地域の

12）関税については本書第4章で取り上げる。

13）ただし、以下で述べるとおり、EU の国々は域内で活発に貿易を行っているため、域内貿易を含んだ個別の EU 加盟国の貿易額の合計は相当大きくなる（表1.2の(b)表では EU 域内貿易を含まない貿易額でのランキングを示しているため(a)表とは一部数値が異なっている点に注意）。なお、イギリスが EU から離脱した直後の2020年と2021年の EU の順位は輸出入ともそれまでの第2位から一時的に第3位に下がっていた。

第1章　国際貿易概観　**009**

図1.4 世界における主要国の輸出・輸入シェアの推移

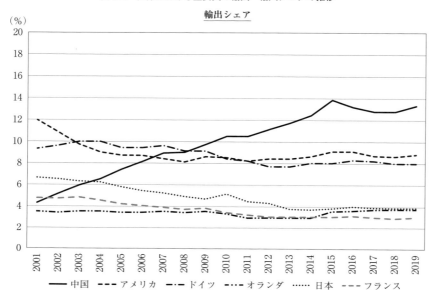

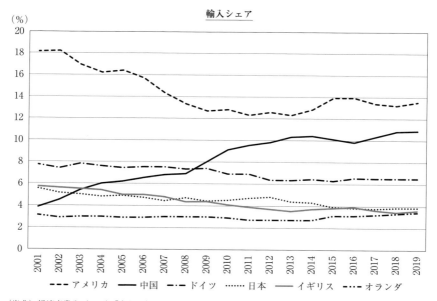

(出典) 経済産業省 (2020)『令和2年版通商白書』第Ⅱ-1-1-13図 (p. 153)

表1.3 世界主要地域間の貿易の流れ（貿易マトリクス）（2022年）

（数値は輸出額、単位：10億ドル）

輸出元 （どの地域から）　＼　輸出先 （どの地域へ）	欧州	北米 （メキシコ を含む）	中南米および カリブ海諸国 （メキシコを除く）	アフ リカ	アジア	オセア ニア	世界 全体
欧州	6,121	825	137	232	1,429	61	8,943
北米（メキシコを含む）	544	1,612	258	35	716	39	3,236
中南米およびカリブ海諸国 （メキシコを除く）	137	167	170	24	328	4	833
アフリカ	245	41	15	91	269	4	667
アジア	1,795	1,672	285	401	6,225	247	10,635
オセアニア	30	24	5	5	389	21	477
世界全体	8,874	4,340	869	789	9,356	375	24,790

データ元：UNCTAD の統計（UNCTADstat）をもとに筆者が作成。

国々の間の貿易すなわち**域内貿易**（表中の灰色の箇所）が顕著であることが分かる。域内貿易は世界の中でも貿易が盛んな地域（欧州、北米、アジア）において特に活発であり、したがって世界のモノ貿易において大きな割合を占めている。**表1.4**にはこれら主要各地域の輸出額中に占める域内貿易の比率（2022年）を示しているが、上述の3地域では同一域内の国々に対する輸出が全体の半分から6割を占めている。

貿易と開発途上国

かつて世界の貿易の大部分は先進国どうしで行われていた。しかしながら近年では経済成長が堅調または著しい開発途上国や新興国の世界貿易における存在感が増している。**図1.5**は世界全体のモノの輸出総額に占める新興国を含む

14）本表のデータの出所である UNCTAD の統計ではメキシコはラテンアメリカ諸国として中南米およびカリブ海諸国と同じグループに区分されているが、メキシコとアメリカ・カナダの3か国間には自由貿易協定（かつての北米自由貿易協定＝NAFTA、現在は USMCA）があることを踏まえ、ここではこれら3か国を「北米」と分類して統計を示している。

15）こうした表は貿易マトリクスと呼ばれる。

第1章　国際貿易概観　**011**

表 1.4 域内 vs. 域外貿易比率（輸出額ベース）：主要地域別（2022年）

	域内（％）	域外（％）
欧州	68.4	31.6
EU	60.7	39.3
北米（含むメキシコ）	49.8	50.2
中南米・カリブ海諸国（メキシコを除く）	20.4	79.6
アフリカ	13.7	86.3
アジア	58.5	41.5
東アジア	31.4	68.7
東南アジア	22.8	77.2
オセアニア	4.3	95.7

（注）輸出額（ドル、名目値）をベースに計算した比率。
データ元：UNCTAD の統計（UNCTADstat）をもとに筆者が作成。

図 1.5 世界の商品輸出における開発途上国のシェアの推移（2000年～2022年）

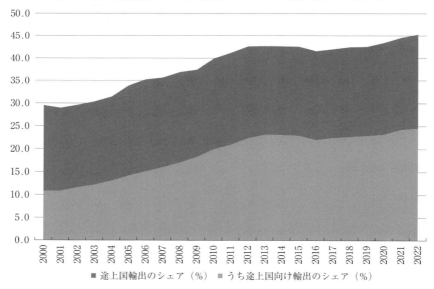

データ元：WTO 統計データベース（WTO STATS）のデータをもとに筆者が作成。

012 | 第 I 部　国際貿易

開発途上国輸出の割合の2000年から2022年にかけての推移を示したものである
が、2000年には世界全体の30％弱であった途上国・新興国の割合は2022年には
45％超になっており、この間に見られた世界全体の貿易の拡大は途上国・新興
国が牽引していたと言っても過言ではない状況である[16]。また、さらに注目
すべきは、近年における途上国・新興国どうしでの貿易の増加である。**図1.5**
によれば、2000年時点では途上国・新興国による輸出の3分の2は先進国に向
けたものであったが（他の途上国・新興国向けは残り3分の1のみ）、2022年では
それら輸出の半分以上が他の途上国・新興国に向けられたものとなっており、
こうした途上国・新興国どうしの貿易が世界全体の4分の1を占めるまでにな
っている[17]。

　ただし、後発開発途上国（Least Developed Country：LDC）[18]と呼ばれる所得
水準の特に低い途上国が世界貿易に占める割合はまだ小さく、近年においても
輸出額ベースで1％台前半にとどまっている。また、こうした国々は世界的な
経済ショックに対して脆弱でもあることから、特に世界貿易が減少・下落する
局面において他の国々よりも大きな影響を受ける傾向があることも指摘してお
きたい。

1.2.3　どのようなモノが貿易されているのか？

　続いて、取引されているモノの種類の観点から世界の貿易を見てみよう。**図
1.6**は、貿易されているモノを大きく農産物、燃料および鉱業産品、工業製品
の3つに分類し[19]、それぞれの品目の2022年の世界全体での輸出額およびモ
ノ輸出総額に占める割合（％）を示したものである。この円グラフから、世界
の貿易の大部分を工業製品が占めていることが分かる。**図1.7**が示すとおり近

---

16) 特に前述の中国を含むアジア地域の途上国・新興国による貿易拡大が顕著であった。

17) こうした途上国どうしの貿易は「南南貿易（South-South trade）」と称されることがあ
　る。なお国際経済学や開発経済学には先進国を「北（North）」、途上国を「南（South）」
　と表現した用語が多い。

18) LDCは国連が定義（一定の基準）に基づいて認定している（3年ごとに見直し）。

19) なおグラフには3品目いずれにも分類不能なものを「その他」としてまとめた項目も表
　示されている。

第1章　国際貿易概観　**013**

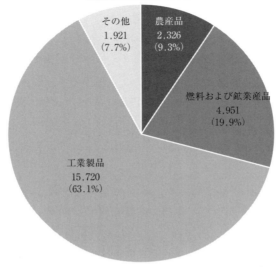

図1.6 世界の商品貿易（輸出）の主要品目内訳（2022年）

（グラフ中の金額単位は10億ドル）

データ元：WTO統計データベース（WTO STATS）のデータをもとに筆者が作成。

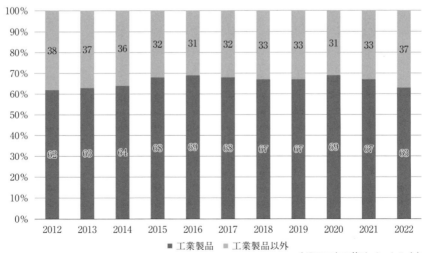

図1.7 世界の商品貿易（輸出）に占める工業製品の割合（2012年～2022年）

（グラフ中の値はパーセント）

データ元：WTO統計データベース（WTO STATS）のデータをもとに筆者が作成。

図1.8 世界の商品輸出の品目別割合の歴史的変遷

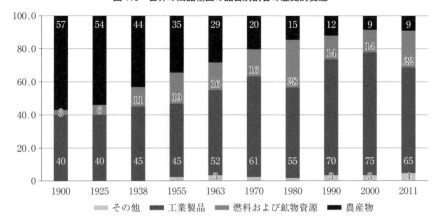

(出典) WTO (2013) *World Trade Report 2013*, Figure B.3 (p. 54)

年では一貫して工業製品が世界のモノ貿易(輸出)の約7割を占めている。貿易額に占める割合だけを見ると年によって増減しているが、これは他の2品目の貿易額が農産物やエネルギー資源の世界的価格変動の影響で大きく増減しやすいためであり[20] (2022年の工業製品の割合が比較的小さかったのも同年のエネルギー資源価格の上昇により燃料および鉱業産品の割合が膨らんだためである)、価格の比較的安定している工業製品の貿易額自体は比較的変動が小さいと言える。なお、工業製品が世界のモノ貿易の約7割を占めるようになったのは1990年頃からである。図1.8に示されているとおり、歴史的には世界貿易におけるかつての主役は農産物であった。戦後、世界貿易の規模の拡大とともに工業製品の貿易も大きく増加し、その割合も堅調に大きくなってきたと言える。

中間財貿易

このように現代の貿易における主役は工業製品と言えるが、今日の工業製品

---

20) 例えば、図1.6にも示した2022年のモノ輸出額における工業製品の割合が比較的小さかったのも同年のエネルギー資源価格の上昇により燃料および鉱業産品の割合が膨らんだためであり、工業製品の貿易額自体は前年から6%近く増加していた。

第1章 国際貿易概観 **015**

図1.9 中間財貿易の規模と割合：世界の財別輸出の推移

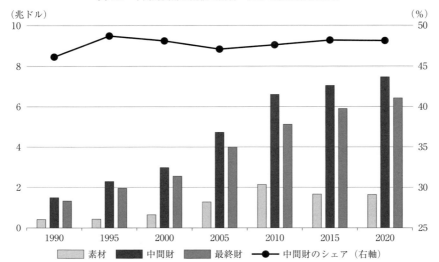

資料：RIETI-TID から作成。
(出典) 経済産業省（2020）『令和4年版通商白書』第Ⅱ-1-1-30図・左（p. 258）

はグローバル・バリューチェーンと呼ばれる国際的な生産ネットワークを通じて[21]複雑な製造過程を経て生産されている。そこでは、ある製品が完成するまでに様々な国の間で原材料や部品、製造途中の未完成品（半製品）などが国境を越えてやりとり（貿易）されている[22]。こうした部品や未完成品といった製造途中にあるモノのことを中間財と言うが、今日のモノ貿易においてはこの中間財の貿易が大きな割合を占めていることも特徴である。**図1.9にはこの中間財貿易の輸出額およびそれが世界のモノ貿易に占める割合の過去30年間の推移が示されているが、ここから世界のモノ貿易の半分近くが中間財貿易であることが分かる。**

---

21) グローバル・バリューチェーンについては本書第6章および第7章で触れる。
22) 例えばある（架空の）スマートフォンの製造過程において、アメリカの企業が開発・制作したデザインに基づき、日本の企業がメモリやタッチパネル、韓国の企業が半導体チップやセンサー、ドイツの企業がカメラとその関連部品を製造し、これらの部品が中国に集められて組立が行われる、といった具合である。

1.3 世界のサービス貿易

　次に、サービス貿易について概況を見てみることにしよう。一般に、サービス貿易はモノの貿易すなわち財貿易とは別個に論じられることが多い。その大きな理由は両者の性質における根本的な違いにある。形のあるモノを国境を越えて実際に輸送して取引する財貿易とは異なり、サービス貿易は取引の対象となるサービスを受ける（提供する）側のヒトや企業がそのサービスを提供する（受ける）側のヒトや企業がいる外国に移動する形で行われる。またこの両者の性質の違いがそれぞれの統計の違いにもつながっている。財貿易の統計は実際のモノの移動に基づいて記録されており、具体的には輸出国（輸入国）において貨物が出港（入港）する際に提出される税関申告をもとに作成されているが、サービス貿易の統計は取引の際に生じる支払記録をもとに国際収支統計の一部として記録されているのである[23]。したがって、統計を見る際にも財貿易とサービス貿易は別々に扱われる場合が多いのである[24]。

　上述のように一般的には提供される対象（サービス）そのものは移動しない・できないという性質から、かつてはサービスは貿易の対象としてあまり積極的にはとらえられてこなかったと言える[25]。しかし経済グローバル化の進展によりモノやヒトの国際移動や企業の事業活動の国際展開が進み、それに伴い輸送や旅行、通信や金融などのサービスが国境を越えて取引されることすなわちサービス貿易も拡大してきているのである。**図1.10**は世界の財とサービスを合わせた全体の貿易の中に占めるサービス貿易の割合（輸出額ベース）の1990年以降の推移を示したものだが、近年は貿易全体の5分の1から4分の1をサービス貿易が占めている。サービス貿易の比率は、年による多少の変化はあるものの、全体としては時とともに高まっている傾向にあると言える。**図1.11**には2006年から2022年までの世界のサービス輸出額（棒）および各年の伸

---

23) 国際収支統計については本書第8章を参照のこと。

24) ただし、財貿易は国際収支統計でも記録されるため、本章の第1.1節のように財・サービスを含む貿易全体を見る場合には国際収支統計のデータが用いられる場合が多い。

25) 経済学では伝統的に「非貿易財」の一種として扱われてきた。

第1章　国際貿易概観　**017**

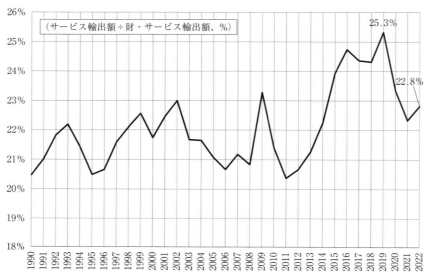

図1.10 サービス貿易が貿易全体に占める割合の推移（輸出額ベース）

データ元：WTO統計データベース（WTO STATS）のデータをもとに筆者が作成。

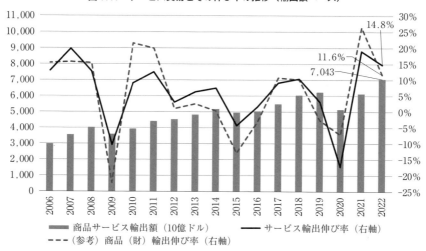

図1.11 サービス貿易とその伸び率の推移（輸出額ベース）

データ元：WTO統計データベース（WTO STATS）のデータをもとに筆者が作成。

図 1.12　サービス貿易の部門別割合の推移（輸出額ベース）

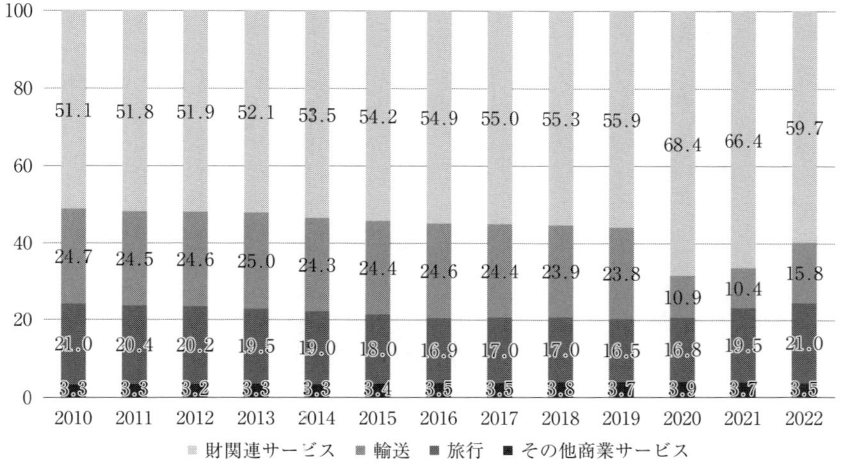

	2010	2011	2012	2013	2014	2015	2016	2017	2018	2019	2020	2021	2022
旅行	51.1	51.8	51.9	52.1	53.5	54.2	54.9	55.0	55.3	55.9	68.4	66.4	59.7
輸送	24.7	24.5	24.6	25.0	24.3	24.4	24.6	24.4	23.9	23.8	10.9	10.4	15.8
その他商業サービス	21.0	20.4	20.2	19.5	19.0	18.0	16.9	17.0	17.0	16.5	16.8	19.5	21.0
財関連サービス	3.3	3.3	3.2	3.3	3.3	3.4	3.5	3.5	3.8	3.7	3.9	3.7	3.5

■ 財関連サービス　■ 輸送　□ 旅行　■ その他商業サービス

データ元：WTO 統計データベース（WTO STATS）のデータをもとに筆者が作成。

び率（折れ線）が示してあるが（ドル名目値ベース）、やはり年による多少の増減はあるもののサービス貿易が時とともに増加していることが読み取れる。なお、図には比較のためにモノ貿易の各年伸び率（点線の折れ線）も示してあるが、モノ貿易とサービス貿易は大体同じように増減していることも分かる。サービス貿易の変動は食料価格や資源価格変動の影響を受けやすいモノ貿易の変動よりは全体的に小さいと言えるが、コロナ・ショックによる2020年の落ち込みについては、ヒトの移動が世界的に制限されたことによる旅行サービス貿易の急激な縮小などを背景にサービス貿易のほうが下落率が大きかった。

　図1.12は、そうしたサービス貿易を、モノの補修サービスなどを含む「財関連サービス」、「輸送」、「旅行」、金融や情報通信や建設などを含む「その他商業サービス」の4部門に大別して、それぞれの部門が世界のサービス貿易において占める割合（輸出額ベース）の推移を2010年から2022年について見たものである。世界のサービス輸出における各部門の割合は概ね一定しているが、越境サービスの種類の多様化も手伝って「その他商業サービス」の割合は徐々に大きくなっている。なお、上述のようにコロナ・ショックによる落ち込みにより旅行サービスの割合は2020年以降は縮小している[26]。

第 1 章　国際貿易概観　019

図 1.13　日本の商品貿易：モノの輸出入額の推移（2010年～2023年）

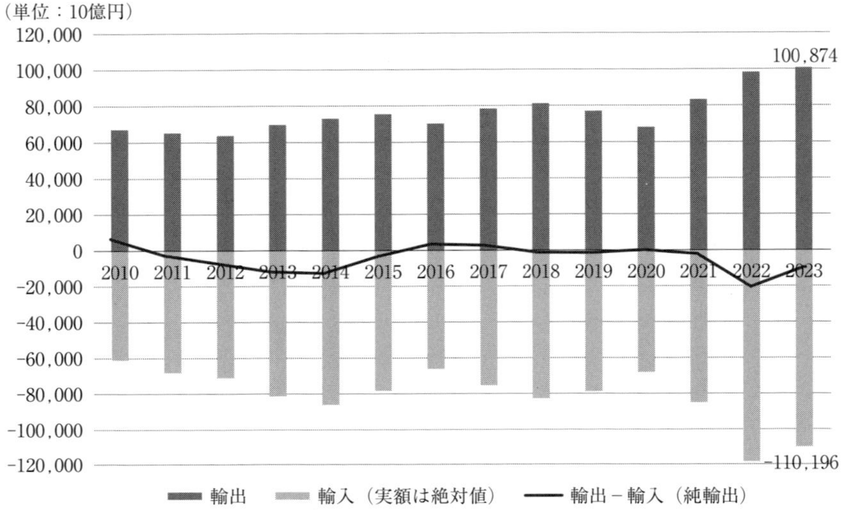
（単位：10億円）
120,000
100,000
80,000
60,000
40,000
20,000
0
-20,000
-40,000
-60,000
-80,000
-100,000
-120,000
100,874
-110,196
2010
2011
2012
2013
2014
2015
2016
2017
2018
2019
2020
2021
2022
2023
輸出
輸入（実額は絶対値）
輸出－輸入（純輸出）

データ元：財務省貿易統計をもとに筆者が作成。

1.4　日本の貿易

最後に日本の貿易の近況について概観して本章を締めくくることとしたい。内閣府の統計によれば、2023年の日本のモノおよびサービスの貿易総額は、輸出が128.7兆円、輸入が137.9兆円で、対 GDP 比はそれぞれ21.7%、23.3%であった。以下、モノの貿易に絞って見ていくが、**図 1.13**には2010年以降の日本のモノの輸出入額の推移が示されている。輸入額は下向きの棒グラフで表すためにグラフ上はマイナスの値にしているが実額は絶対値（プラスの値）である。また折れ線は輸出から輸入を引いた**純輸出**（または**貿易収支**）を表している。日本の純輸出は長らくプラス（貿易収支黒字）であったが、2011年の東日

26）コロナ・ショックの2020年に前年の４割以下に落ち込んだ世界の旅行サービス（輸出額）は、微増した2021年もコロナ・ショック前の４割強にとどまった。2022年にはコロナ・ショック前の４分の３程度にまで回復したものの、同年時点でもヒトの移動の制限が継続していた国や地域もあり、余波は長期に及んでいる。

本大震災以降は燃料輸入が増加している影響もあり純輸出がマイナス（貿易収支赤字）基調となっている。また、2022年以降は円安進行の影響で輸出・輸入ともにそれまでと比べて大きく増加している。

　ここで、日本の円を例に、為替レートと貿易の関係について簡単に触れておくこととする[27]。円安とは外国通貨（例えばドル）に対する円の価値が下落することであり、円高とは逆に上昇することを言う。円安になると[28]、日本で生産し円でつけられた（円建ての）日本製品の価格は、輸出先の外国でドルに換算すると下落する[29]。外国市場で価格の下がった日本製品への需要が上昇するため、日本製品の外国への輸出数量は（理論的には）増加する。日本製品の円建ての価格は変わらないので、数量が増えたぶん円で計った日本の輸出額（輸出数量×円建て価格）は増加する。こうして円安になると日本の輸出額（円建て）の増加が一般には期待されるのである。また輸入については、円安になるとドルでつけられた（ドル建ての）外国製品の円の換算額が上昇するため[30]、日本の市場では外国製品への需要が減少することで日本への外国製品の輸入数量が（理論的に）減少する。この結果、円で計った日本の輸入額（輸入数量×外国製品の円換算価格）は、数量の減少割合が価格の上昇割合よりも大きくなれば減少するが、逆の場合は増加することになる[31]。これを踏まえてもう一度図1.13を見ると、2022年以降の日本の輸出入額の増加に円安の影響

---

27) 為替レートの詳しい説明については本書第9章を参照のこと。

28) なお円高の場合は以下の説明と逆のことが生じることになる（詳しい説明は割愛する）。

29) 例えば、1台200万円の日本製の自動車（日本車）は、1ドル＝100円なら外国では2万ドルで売られることになる。これが、もし1ドル＝125円の円安になると、同じ日本車の外国での販売価格は1万6千ドルに下がることになる。

30) 例えば、1本20ドルの外国製ワインは、1ドル＝100円なら日本では2,000円で売られることになる。これが、もし1ドル＝125円の円安になると、同じワインの日本での販売価格は1本2,500円に上がることになる。

31) どちらになるかは日本における外国製品需要の価格弾力性（輸入の価格弾力性）による。日本の輸入が価格弾力的であれば前者のケースすなわち円安により日本の輸入額（円建て）の減少が期待されるが、日本の輸入が非弾力的であれば後者のケースで日本の円建て輸入額は増加することになる。なお需要の価格弾力性については基礎的なミクロ経済学のテキストを参照されたい。

表 1.5　世界と日本の近年の商品貿易成長率の比較

(年)	輸出						輸入					
	2013	2018	2019	2020	2021	2022	2013	2018	2019	2020	2021	2022
世界	3.1	9.8	-2.8	-7.0	26.2	11.1	1.7	10.5	-3.1	-7.4	25.9	12.2
日本	-10.3	5.8	-4.4	-9.3	18.5	-0.9	-5.6	11.5	-3.7	-11.8	21.7	16.6

（注）表中の値は％、また成長率はドル名目値の貿易額ベース。
（出典）表中の数値は日本貿易振興機構（2018, 2020, 2021, 2022, 2023）より抜粋。

があることが理解できるであろう。円安により日本の輸入が減少ではなく増加したのは、エネルギー資源等が多い日本の輸入は価格弾力性が低いからだと考えられる。

　ただし、ドル換算額（ドル建て）で見ると、日本のモノ貿易の近年の状況の違った側面も見えてくる。**表 1.5** は、ドルで計った日本の輸出入額の近年の伸び率の推移をそれぞれ世界の輸出入額の伸び率と比較したものである。2009年の世界金融危機による世界的な貿易の急落以降も日本では貿易の回復や伸びが世界に比べて低調であったが、それ以後も日本では輸出入ともに、上昇（プラス成長）の時は世界全体の伸び率ほどには伸びず、また下落（マイナス成長）の時は世界全体の下落率よりも大きく落ち込む、という傾向が続いている。背景や理由を容易に指摘することはできないが、日本の貿易が低調であることを示唆しているのかもしれない。

　次に、日本の貿易相手国について見てみよう。**表 1.6** には2023年の日本のモノ貿易の主な相手国を、輸出額・輸入額のそれぞれ上位10か国まで示している。輸出・輸入の両方における世界最大の2か国であるアメリカと中国は、日本にとっても輸出入のいずれにおいても最大の貿易相手国となっており、これら2か国との貿易（輸出入合計）が全体の35％を占めている。また、日本の貿易相手には輸出入ともに近隣の東アジアや東南アジアの国々が多いことも特徴である。先に（本章1.2.2）アジアにおいても域内貿易が活発であることを見たが、日本はアジア域内貿易の重要なプレーヤーである。その他、日本の輸入相手国には中東の産油国や近隣の資源産出国（オーストラリアなど）[32]が上位に含

32）2023年の輸入相手国第10位のインドネシアも日本への資源輸出が多い国である。

022　第 I 部　国際貿易

表1.6　日本の主な輸出入相手国とシェア：2023年（商品貿易、上位10か国）

	輸出 （総額100.8兆円）		輸入 （総額110.2兆円）	
1	アメリカ	（20.1%）	中国	（22.2%）
2	中国	（17.6%）	アメリカ	（10.5%）
3	韓国	（6.5%）	オーストラリア	（8.3%）
4	台湾	（6.0%）	アラブ首長国連邦	（4.7%）
5	香港	（4.5%）	台湾	（4.5%）
6	タイ	（4.1%）	サウジアラビア	（4.4%）
7	ドイツ	（2.7%）	韓国	（4.0%）
8	シンガポール	（2.6%）	ベトナム	（3.3%）
9	ベトナム	（2.4%）	タイ	（3.3%）
10	オーストラリア	（2.3%）	インドネシア	（3.1%）

データ元：財務省貿易統計をもとに筆者が作成。

まれていることも特徴的である。

　最後に、日本の輸出入品にはどのようなものが多いのかを見ておこう。**図1.14**は2023年の日本の輸出・輸入それぞれにおける主要品目の割合（金額ベース）を示したものである。化学製品、原料別製品、一般機械、電気機器、輸送用機器といった工業製品は、世界全体においてと同様に日本においても主要な貿易品目となっている。特に輸出においては、これら5つの工業製品部門で2023年の日本の輸出額全体の8割を占めている（輸入では5割弱）。他方、輸入においては食料や資源が多いことも特徴的で、食料品、原料品、鉱物性燃料の3品目が2023年の日本の輸入総額の4割を占めており、日本の資源エネルギー事情や産業構造をよく表していると言えよう。

第1章　国際貿易概観　023

図 1.14 日本の輸出入額の主要商品別割合（2023年）

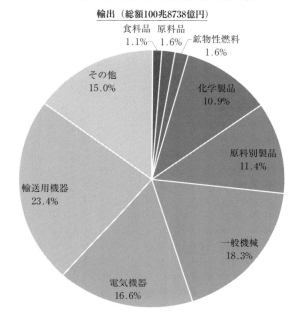

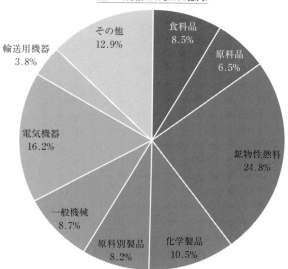

データ元：財務省貿易統計をもとに筆者が作成。

第2章

比較優位と貿易の利益

　国際貿易はなぜ、どのような形で生じるのか？　なぜ国々は外国とモノ（やサービス）を取引するのか？　どの国がどの国とどのようなモノ（やサービス）を輸出入するのか？　またそれはなぜなのか？　こうした問いは国際貿易の経済学（国際貿易論）の主な命題であるが、こうした命題に答えを示す最も伝統的かつ代表的な考え方が、比較優位である。本章では、この比較優位に基づく貿易理論について、比較優位とは何か、比較優位が国際貿易のメカニズム（国々が貿易をする動機と貿易のあり方）をどのように説明してくれるのか、ということについて解説する。また、比較優位に基づく国際貿易がもたらす経済的利益すなわち貿易の利益のエッセンスについても説明する。

2.1　イントロダクション：
国際貿易、比較優位、貿易の利益

　前章でも説明したとおり、国際貿易（あるいは単に貿易）とは国境を越えたモノやサービスの取引のことである[1]。なぜ貿易は起こるのか？　なぜ国々は貿易するのか？　こうした貿易の動機の基本は、外国との貿易を通じて人々は自国では手に入れられないものを手に入れることができるから、あるいは自国でも生産や供給が可能なものであっても外国からならより安価に（または同じコストでより高品質なモノを）手に入れることができるから、というところにあ

1）以下、本章においてはモノの貿易に焦点を当てて話を進めることとする。

ると言える。

　それでは、なぜ外国は自国よりもある種のモノをより安価に生産することができるのか（そして別のモノについては自国が外国よりも安価に生産できるのか）？　もう少し一般的な言い方をすると、ある国があるモノについて別の国よりも低い費用で供給できるのはなぜなのか？ということになるが、その理由のひとつが、比較優位の存在である。**比較優位**とは、貿易前の（あるいは貿易のない）状態におけるモノの価格によって定義される。すなわち、貿易前の（あるいは貿易のない）状態において、あるモノの価格が自国において外国よりも低い場合、自国はそのモノについて（外国に対して）比較優位をもつ、という。ただしここでいう価格とはおカネの単位ではかった価格ではなく、他のモノとの相対的な価値、言い換えれば他のモノの数量ではかった価格のことであり、これを**相対価格**という[2]。

　比較優位が生じる理由あるいは元となるもの（比較優位の源泉）については、2つの代表的な考え方がある。そのひとつは、比較優位の源泉を国と国との間の生産技術の違いに求めるものである。ここで言う生産技術の違いとは、モノの生産に必要とされる生産要素（例えばヒトの労働力）の投入量の相対的な差のことである。この考え方は**比較生産費説**、あるいはこの考え方を最初に提示した経済学者であるデヴィッド・リカード（David Ricardo）の名から**リカード・モデル**と称されている。このリカード・モデルについては本章第2.2節以降で解説する。比較優位の源泉についてのもうひとつの考え方は、複数の生産要素（例えば資本とヒトの労働力）を考え、異なるモノの間におけるそれら生産要素の投入比率（要素集約度）の違いと国の間の生産要素の保有比率（要素賦存度）の違いが比較優位を生む、とするものである。例えば、自動車と衣類という2つのモノがあり、自動車の生産には資本の投入がより多く必要とされる一方、衣類の生産にはヒトの労働力がより多く必要とされる場合、もし自国が外国と比べて相対的に資本を豊富に有していれば（つまり外国は自国と比べ相対

2）おカネの単位ではかった価格は名目価格とも呼ばれるが、それに対する意味では、相対価格は実質価格と言い換えてもいいだろう。なお、価格の名目と実質の詳細については、基本的なマクロ経済学のテキストを参照されたい。

026　**第I部　国際貿易**

的にヒトの労働力を豊富に有していれば）、自国は資本をより多く必要とする自動車に比較優位をもつ（一方、外国は衣類に比較優位をもつ）ことになる。この考え方は**要素比率理論**、あるいはこの考え方を提唱したエリ・ヘクシャー（Eli Heckscher）とベルティル・オリーン（Bertil Ohlin）の2人の経済学者の名から**ヘクシャー＝オリーン・モデル**と呼ばれる。

リカード・モデルであれヘクシャー＝オリーン・モデルであれ、比較優位に基づく理論では、国々の間で貿易が可能な状態になると、各国はそれぞれ自国が比較優位をもつモノや分野の生産に特化し、その結果、自国が比較優位をもつモノを外国に輸出し他のモノはそのモノに比較優位をもつ別の国から輸入する、という形で国際貿易が生じるのだと説明する。なお、**特化**とは、国の生産要素を主として特定のモノ（ここではその国が比較優位をもつモノ）の生産に傾けるようになる状態を言う。比較優位をもつモノだけを生産しその他のモノは生産しなくなる状態を完全特化といい、これに対して比較優位をもつモノを主として生産するもののその他のモノの生産もゼロにはしない状態を不完全特化という。

また、貿易がもたらす経済的利益のことを**貿易の利益**というが、比較優位に基づく貿易の利益は、特化と交換によりもたらされる（**特化と交換の利益**）。特化の利益とは、上述のような生産における特化により各国が保有する資源すなわち生産要素がより効率的に用いられるようになることから得られる利益である。また、交換の利益とは、本節の冒頭で述べたとおり、外国との交換により自国が比較優位をもたないモノを自国で生産・供給（自給）するよりも安価に手に入れられるようになることで得られる利益である。比較優位に基づく貿易理論は、国際貿易が、この特化と交換を通じて、貿易を行うすべての国に実質所得と国民の満足度（消費から得られる効用）の向上という利益をもたらすことを明らかにしたのである。なお、特化と交換は表裏一体の関係にあると言えよう。比較優位をもつモノへの特化が起こるからこそ互いにそれらを交換（貿易）できるのだと言えるし、また交換（貿易）を前提とするからこそ特化が可能なのだとも言える[3]。

2.2 比較優位の貿易理論：エッセンス

前節では、比較優位の理論が説明する貿易の動機や貿易のパターン（どのような国がどのような相手国とどのようなモノを輸出入するか）および貿易の利益について概説した。本節では、リカード・モデル（比較生産費説）を取り上げ、比較優位の理論が説明する貿易のメカニズムと貿易の利益とはどのようなものであるのかを、数値例も用いつつ、もう少し詳しく見ていくこととしよう。

2.2.1 経済学のモデルとは

現実の国際経済においては、多くの国にいる無数の人々や企業などが、これまた無数のモノやサービス、おカネを含む金融資産などを、生産・消費したり取引したりしている。ある国のあるモノの市場で起こった変化は別のモノの取引にも影響を与え、その影響は国内にとどまらず外国にも波及するという風に、国内の様々な分野における、また様々な国における経済活動は、互いに複雑に関連しあっている。こうした現実の経済においては、あるひとつの現象がどのような原因やメカニズムを通じて生じたのか、その現象をもたらした主たる要因やメカニズムはどのようなものであるのかを、一目で解明することは非常に困難である。

そこで、経済学では、複雑な現実経済の中から解明の対象となる現象やメカニズムに焦点を当てるため、それ以外の要因を取り除くようにして現実を単純化した経済を対象として考察を行うということをするが、このように現実経済を単純化したものを**モデル**と言う[4]。モデルとは「模型」という意味であるが、経済学においてはモデル化された経済は一般に複数の数式によって記述されるが、時にはグラフを用いて視覚的に表されることもある[5]。

本節で紹介するリカード・モデルもそうした経済学のモデルのひとつである

3）なお、モノ（製品）の生産を行わないような経済においても、貿易による交換の利益を考えることは可能である。例えば天然資源を考え、エネルギー資源（石油等）を豊富に有するある国と森林資源を豊富に有する別の国が貿易を通じて互いに希少なこれらの天然資源を交換して獲得する、などといった交換の利益も考えられるであろう。

4）物理学などの自然科学においても、モデルを用いた考察や探求が行われている。

028 ｜ 第Ⅰ部 国際貿易

が、以下ではリカード・モデルの基本形について、数式やグラフを用いることなく、数値例とそれに関するいくつかの表を使いながら、そのエッセンスを説明することとしたい。

2.2.2 基本的なリカード・モデルの例

　基本的なリカード・モデルにおいては、2つの国と2つのモノ、そしてそれらのモノに共通した1つの生産要素（だけ）からなる経済（現実経済を単純化したモデル経済）を考える。ここでは話を分かりやすく（あるいはモデル経済をイメージしやすく）するため、モノや生産要素に具体的な名前を当てた例で考えてみることにしよう。

　A国とB国という2つの国からなる世界を考える。この世界では、自動車とコメという2つのモノだけが生産され消費されている。自動車もコメも、その生産に必要な生産要素はヒトの労働力だけである。また自動車もコメも、誰が（どちらの国が）生産したかにかかわらず、その品質や性能、大きさや形や風味などの種類はすべて均一で差異はないものとする[6]。また、この世界ではおカネすなわち通貨は存在せず、取引はすべて自動車とコメの物々交換によって行われるものとする。

　前述のとおり、A・Bどちらの国においても、自動車とコメはヒトの労働力を用いて生産される。ただし、両国の間には自動車およびコメの生産技術における差が存在するものとする。ここでの生産技術とは、それぞれのモノを1単位生産するのに必要とされる労働力の投入量のことである。労働力の単位を労働者の人数で数えることとして[7]、ここでは次のような数値例を考えよう。A国では、自動車を1台生産するのに20人の労働者が、またコメを1トン生産するのに10人の労働者が、それぞれ必要となる。他方B国では、自動車1台の

5）読者の中には経済学の入門的テキストや授業において需要と供給のグラフ（ダイアグラム）を目にした方も多いであろう。

6）すなわち、消費者は自動車についてもコメについてもどちらの国で生産されたものかを区別しないしできない、ということである。

7）経済学では、ヒトの労働力（労働）の数量単位には時間（労働時間）を用いるのが通例であるが、ここでは話を分かりやすくするために、労働者の人数で数えることとする。

第2章　比較優位と貿易の利益　029

表2.1　モデル経済における各国の生産技術（それぞれのモノ1単位の生産に要する労働力）

	自動車（1台）	コメ（1トン）
A国	20人	10人
B国	100人	25人

表2.2　1,000人の労働者が生産可能な最大数量

	自動車	コメ
A国	50台	100トン
B国	10台	40トン

生産には100人の、コメ1トンの生産には25人の労働者が、それぞれ必要となる。**表2.1**はA・B各国におけるこの生産技術を表したものである[8]。

　さて、第2.1節で前述したとおり、リカード・モデルにおいてはこの2国間の生産技術の差が両国の比較優位の源泉となる。上記の例によるA国とB国の間の技術差に基づく比較優位とはどのようなものであるかについては次の第2.2.3項で説明するのだが、その前に、ここでA国とB国の生産力の差について確認しておくことにしよう。公平な比較を行うため、それぞれの国で労働者が1,000人集まった場合を考えることにする。1,000人の労働者が生産可能なモノの最大数量は、**表2.2**が示すように、A国においては自動車なら1,000÷20＝50台、コメなら1,000÷10＝100トンである。これに対してB国では自動車なら1,000÷100＝10台、コメなら1,000÷25＝40トンである。この比較から分かるとおり、1,000人の労働者が集まった場合の生産力は、自動車においてもコメにおいてもA国がB国に勝（まさ）っている。このように、生産力すなわちそれぞれのモノの生産量に基づく一方の国の優位性を絶対優位という[9]。この例においては、A国は自動車でもコメでもB国に対して絶対優位をもっているわけである。では果たして、このようにあらゆるモノにおいて一方の国が他方に対して絶対優位を有する状況でも貿易は成り立つのか？　あらゆるモノについ

8）それぞれのモノ1単位の生産に必要な労働の単位数を労働投入係数と呼ぶ。**表2.1**は、この労働投入係数を各国および各モノについて表したものである。

030　第1部　国際貿易

て自国よりも生産力が高い（低い）相手との貿易からＢ国（Ａ国）は果たして貿易の利益を得ることはできるのか？　以下で説明するとおり、答えはいずれもイエスなのである。

2.2.3　機会費用と比較優位

　ここで、表2.1に示された情報から、Ａ・Ｂ各国におけるそれぞれのモノの機会費用を求めてみよう。**機会費用**とは、ある物事の費用をそれを選択するに当たり放棄した物事の価値でとらえたものであり、経済学的な費用の根幹にある概念である[10]。本節で考察しているモデル経済においては、「一方のモノの生産を１単位増やすには、もう一方のモノの生産を何単位減らす（諦める）必要があるか？」を考えることによりそれぞれのモノの機会費用を定義することができる。ここでの数値例を使って具体的に見ていこう。まずＡ国では、自動車１台を生産するには20人の労働者を投入する必要がある。もしこの20人の労働者を自動車ではなくコメの生産に投入すれば、Ａ国では20÷10＝2トンのコメを生産することができるはずである。すなわち、Ａ国においては、自動車を１台生産または増産するためにはコメの生産を２トン減らす（諦める）必要があるのである。したがって、Ａ国における自動車１台の機会費用は２トンのコメということになる。これと同様にＢ国では、自動車１台を生産するには100人の労働者を投入する必要があるが、もしこの100人をコメの生産に投入していれば100÷25＝4トンのコメを生産することができた筈なので、ここからＢ国における自動車１台の機会費用は４トンのコメということになるので

9）なお本来、絶対優位は１単位の労働が生み出すモノの数量（労働生産性という）の比較によって定義されるが、ここでは数値を分かりやすくするためにそれぞれの国の労働者1,000人の集団による生産力で比較した。なお本節の例におけるそれぞれのモノについての各国の労働生産性（労働者１人あたりの生産力）は、**表2.2**のそれぞれの数値を1,000で割ったものである。

10）よく用いられる例として、大学に進学して４年間学業に従事することの機会費用は大学に進学せずに就業していればその４年間に労働から得られたであろう賃金収入（大学進学によって放棄したものの価値）としてとらえられる。これに対して、大学への進学と４年間の修学にかかった金銭的支出（学費や通学の交通費、一人暮らしの場合の家賃や生活費等）でとらえた費用は会計的費用という。

表2.3　モノ1単位の機会費用

	自動車（1台）	コメ（1トン）
A 国	コメ2トン	自動車1/2（0.5）台
B 国	コメ4トン	自動車1/4（0.25）台

ある。こうして求められるA・B各国における自動車とコメそれぞれの1単位あたりの機会費用を表2.3に示した。なお、それぞれの国におけるコメ1トンの機会費用については、必要となる労働者数の関係から上記とは逆の計算（コメ1トンの生産のためには自動車の生産を何台減らす・諦める必要があるか）を同様に行うことで求められる。

　では、この機会費用の概念に基づいて、A国およびB国におけるそれぞれのモノの生産費用を比較することとしよう。まず自動車1台の機会費用を比べると、A国ではコメ2トン、B国ではコメ4トンであり、A国のほうがより低い機会費用で1台の自動車を生産できる。これが比較優位なのである。すなわち、A国は自動車の生産に比較優位をもっている。次にコメの生産について見ると、コメ1トンの機会費用はA国では自動車2分の1（0.5）台、B国では自動車4分の1（0.25）台であり、今度はB国が比較優位をもっていることが分かる。このように、機会費用に基づく比較優位の観点からは、それぞれの国が互いに異なるモノの生産について比較優位をもつという関係になっており[11]、このことが次の第2.2.4項で説明するとおり両国にとっての貿易の利益の源泉となるのである。ちなみに、ここで用いた数値例に限らず、基本的にどのような生産技術（労働投入係数）の組み合わせであっても、必ず一方の国が一方のモノに比較優位をもちもう一方の国はもう一方のモノに比較優位をもつという関係になるので[12]、それら2国の貿易は必ず両国に貿易の利益をもた

11）第2.2.2項で述べたとおり、絶対優位の観点からは、自動車にもコメにもA国が絶対優位をもっており、B国はいずれにも優位をもっていない。しかし比較優位の観点からは、それぞれの国がいずれか一方のモノに優位をもっている関係が成立している点に注目されたい。

12）唯一の例外は、2国の間で2つのモノの機会費用がそれぞれ同じになるケースである。この場合、どちらの国もいずれのモノにも比較優位をもたない、ということになる。

表2.4　貿易前（貿易のない状態）のモノの相対価格

	自動車（コメに対する）	コメ（自動車に対する）
A国	2	1／2（0.5）
B国	4	1／4（0.25）

らす。このように、貿易に携わるすべての国が貿易の利益を得るのだということを示したことこそ、リカードの比較優位理論の大きな貢献であり、この理論が最初に提示されてから200年以上の時を経た今なおリカードの理論が貿易理論の中枢にある所以であろう。

　なお、ここで、表2.3に示した各国におけるそれぞれのモノの機会費用が、貿易前あるいは貿易がない状態のそれぞれの国における2つのモノの交換比率になっていることを指摘しておきたい。第2.2.2項で前述したとおり、このモデル経済においてはモノの取引は物々交換によって行われる。**表2.3の数値**は、A国においてはこの物々交換が自動車1台とコメ2トンの比率（自動車：コメ＝1：2）で、B国においては自動車1台とコメ4トンの比率（自動車：コメ＝1：4）で、それぞれ行われていることも表しているのである[13]。言い換えれば、それぞれ1単位（自動車1台とコメ1トン）の価値で比べた場合、A国では自動車はコメの2倍の価値（コメは自動車の2分の1の価値）で、B国では自動車はコメの4倍の価値（コメは自動車の4分の1の価値）で、それぞれ取引されているということであり、これが2つのモノの相対価格である。すなわち、**表2.4**が示すとおり貿易前あるいは貿易がない状態においては、A国では自動車の（コメに対する）相対価格は2、コメの（自動車に対する）相対価格は2分の1（0.5）であり、B国ではこれがそれぞれ4と4分の1（0.25）であるということである。第2.1節において比較優位は貿易前の状態における相対価格で定義されると述べたが、この定義に従えば自動車の相対価格がB国よりも低いA国は自動車に、コメの相対価格がA国よりも低いB国はコメにそれぞれ比

---

13) これらの比率がそれぞれの国において等価交換の比率になっているのは、生産に必要となる労働者の数が同じであることによる。例えばA国の場合、自動車1台とコメ2トンはいずれも生産に必要な労働者は20人で等しい。

第2章　比較優位と貿易の利益　**033**

較優位をもっていることとなり、先ほど機会費用の比較から導いた両国の比較
優位の関係もこれと一致していることが分かる。

2.2.4 自由貿易と貿易の利益

さて、ここまでは、A 国と B 国が貿易を行う前すなわち両国の間に貿易が
ない状態について見てきた。ここからはいよいよ、この両国が貿易をする（で
きる）ようになった状態を考えていこう。なおここでは、自由貿易という状態
を考える。**自由貿易**とは、輸送費や輸入関税あるいは輸出制限といったような
国境を越えた取引に対する物理的あるいは政策的（さらには時間的）な障壁や
摩擦が一切存在しない状態で行われる貿易のことを指す。自由貿易が可能にな
ると、貿易に携わるどの国においても同一のモノは同じ価格で取引されるよう
になる[14]。この自由貿易状態におけるすべての国で共通の価格を国際価格と
呼ぶこととしよう。表 2.4 には貿易前の状態における A 国・B 国それぞれにお
ける自動車とコメの相対価格が示されているが[15]、A 国と B 国が貿易を開始
するとそれぞれのモノの国際価格はどうなるのであろうか？　貿易開始後の国
際価格は、A 国・B 国の 2 国を合わせた世界全体におけるそれぞれのモノの需
要と供給[16]によって決まるのだが、実は本節で考察している例においては消
費者の需要まではモデル化していないので、国際価格を具体的に特定すること
はできない。しかしながら、貿易開始後の国際価格が貿易前の A・B 各国にお
ける価格の間に収まることだけははっきりしている。本節の例でいえば、自動
車の（コメに対する）相対価格については、A 国（貿易前の価格が低いほうの国）
における価格である 2 以上かつ B 国（同じく高いほうの国）における価格であ
る 4 以下の範囲に[17]、国際価格は必ず収まるのである[18]。そこで、考察を分

14）もしそうでなければ、世界中のあらゆる人や企業が、同じモノを価格の低い国で買って
　　価格の高い国で売ろうとするため（誰も逆をしようとしなくなる）、取引が成立しなくな
　　ってしまうであろう。
15）前述のとおり機会費用はそれぞれのモノの相対価格ともなっているため、表 2.4 中の数
　　値は機会費用を示した前掲の表 2.3 と同じになっている。また、2 つのモノの相対価格
　　は互いに逆数の関係になっていることも確認せよ。
16）正確には、2 つのモノの相対的な需要と供給（相対需要と相対供給）の関係で定まる。

034 第 I 部 国際貿易

かりやすくするため、ひとつの可能性として貿易開始後の自動車の国際相対価格が2.5（コメの相対価格では1÷2.5＝0.4または5分の2）に定まった場合を考えよう[19]。まずA国にとって、この相対価格は自動車を生産しこれをコメに交換する取引を貿易前の状態よりも有利にするものになっている。貿易前には国内でコメ2トンとしか交換できなかった1台の自動車が貿易開始後の国際価格ではコメ2.5トンと交換可能である。また、コメ1トンの入手に必要な自動車は貿易前には2分の1（0.5）台だったものが貿易開始後の相対価格では5分の2（0.4）台で済む。したがって、貿易開始後、A国は自動車の生産だけを行い（すなわち自動車の生産に特化し）、コメについては自国から輸出する自動車と引き換えに貿易相手国であるB国から輸入するようになる。他方、B国にとってはこの相対価格はコメを生産しこれを自動車に交換する取引を貿易前の状態よりも有利にするものである。貿易前には国内で自動車4分の1（0.25）台としか交換できなかった1トンのコメは貿易開始後の国際価格なら自動車5分の2（0.4）台と交換可能であり、また自動車1台の入手に必要なコメは貿易前に4トンだったものが貿易開始後の相対価格では2.5トンで済む。よって貿

---

17) これをコメの（自動車に対する）相対価格で見ると、貿易後の国際価格は、貿易前の低いほう（B国）の価格である4分の1（0.25）以上かつ高いほう（A国）の価格である2分の1（0.5）以下の範囲に収まる。

18) この理由を簡単に説明するとこうである：仮に貿易開始後の自動車の国際価格（相対価格）が2よりも低かったとすると、A・B両国にとって自動車は貿易前よりも安価になってしまうため（反対にコメの相対価格は両国にとって上昇）、どちらの国も価格の下がった自動車の生産をやめコメばかりが生産されるようになってしまう。反対に、貿易開始後の自動車の国際価格（相対価格）が4よりも高かったとすれば、A・B両国にとって自動車は貿易前よりも高価になるため（反対にコメの相対価格は両国にとって下落）、どちらの国も価格の上がった自動車ばかりを生産しコメは生産されなくなってしまう。いずれの場合も一方のモノだけが供給される状態になってしまうため取引は成立せず（どちらの国でも消費者は両方のモノを需要する）、したがって価格もこれらの範囲で定まることはない。

19) なお、以下の説明は、国際相対価格がこれ以外の数値（ただし貿易前の2国における価格の間の範囲内の）であった場合についても当てはまる（もちろん具体的な計算や数値は変わるが）。読者自身で2以上4以下の任意の数値を自動車の国際相対価格に当てはめて確認してみていただきたい。

易開始後のB国はコメの生産だけを行い（コメの生産に特化し）、自動車については自国のコメ輸出と引き換えにA国から輸入するようになる。このようにして、貿易が開始されると、各国はそれぞれ自国が比較優位をもつモノの生産に特化（完全特化）するとともにそれを貿易相手の外国に輸出し、他のモノについては外国から輸入することになるのである。

　では最後に、上述のような自由貿易からA国・B国はそれぞれどのような経済的利益を得るのかを確認しよう。前掲の表2.2において、貿易前の（貿易のない）状態においてそれぞれの国で労働者が1,000人集まったときに生産可能な自動車およびコメの数量を見たが、以下の説明をしやすくするため、この1,000人の労働者がそれぞれの国における全人口（つまりA国・B国とも労働者人口1,000人の国）であったと考える。すると、A国では、上述のようなB国との貿易の結果、1,000人の労働者のすべてを自動車の生産に投入して50台の自動車を生産するようになる。こうして生産した自動車をもしすべて貿易開始後の国際相対価格でコメと交換した（できた）とすると、50×2.5＝125トンのコメが入手可能であるが、これは貿易のない状態において自国で生産可能だったコメの最大生産量である100トンを上回ることになる。つまり、貿易によってA国では、自動車の台数ではかった国民所得（実質所得）は貿易前と変わらないものの、コメの購買力ではかった場合の国民所得は貿易前よりも大きくなっている。他方B国では、A国との貿易の結果、1,000人の労働者すべてをコメの生産に投入して40トンのコメを生産するようになる。もしこのコメをすべて貿易開始後の相対価格で自動車と交換できたとすれば40÷2.5＝16台の自動車が入手可能であるが、これは貿易前に自国で生産可能だった自動車の最大生産量である10台を上回る。つまり、貿易によってB国では、コメのトン数ではかった国民所得は貿易前と変わらないが、自動車の購買力ではかった国民所得は貿易前よりも大きくなっているのである。これを表したのが**表2.5**であるが、このように、貿易を通じて両国ともに、自国が比較優位をもつモノではかった実質所得は貿易前から損なわれることなく比較優位をもたないモノではかった実質所得を向上させることができ、貿易の利益を得るのである[20]。

　このように、自由貿易を通じて、各国がそれぞれ自国が比較優位をもつものや分野の生産に特化する結果、その比較優位をもつモノや分野の輸出国（比較

表2.5　貿易開始後に生産あるいは入手可能な最大数量（労働者1,000人の場合）

	自動車		コメ
A 国	50台	⇒ 自動車1：コメ2.5で交換 ⇒	125トン
B 国	16台	⇐ 自動車1：コメ2.5で交換 ⇐	40トン

（注）□で囲ったほうがそれぞれの国が自国で生産するモノ。

優位をもたないモノや分野でに輸入国）となり、また貿易を行うすべての国が実質的な所得（国民の購買力）を貿易前より向上させることができる、というのが、比較優位理論（比較生産費説またはリカード・モデル）が説明する国際貿易の形（パターン）ならびに特化と交換による貿易の利益のエッセンスである。

20）なお通常、比較優位理論に基づく貿易の利益は、それぞれの国における労働者の実質賃金の向上や消費者の満足度（効用）の高まりによって説明されるのだが、ここでは話を分かりやすくするためにやや変則的な方法で説明をしている。ただし、ここでの説明は、各国の国民所得をそれぞれ1,000で割ればそのまま各国の労働者一人当たりの実質所得すなわち実質賃金の向上による貿易の利益の説明になる。

第2章　比較優位と貿易の利益　**037**

第3章

製品差別化と産業内貿易

前章では、一方の国が自動車などの工業製品を輸出し他方の国が石油などの
エネルギー資源を輸出しているというふうに、国々が互いに品目や産業分類が
異なるモノを輸出入しあう貿易を考えていた。しかしながら、現実の国際貿易
においては、例えば日本がドイツに自動車を輸出する一方でドイツも日本に対
し自動車を輸出しているというように、国々が同じようなモノやよく似た製品
を互いに輸出入しあっていることも多い。このような貿易のことを産業内貿易
と言うが、本章ではこの産業内貿易について、その概念や統計上のとらえ方、
こうした貿易が起こるメカニズムに関する経済学での考え方について、紹介す
る。

3.1 産業内貿易とは

前章で説明した比較優位の理論によれば、各国はそれぞれ自国が外国に対し
て比較優位をもつモノや分野に特化して生産と輸出を行い、その他のモノや分
野については外国から輸入を行う、という形で貿易が行われることになる（産
業間貿易と呼ばれる）。**図3.1**には、2023年における日本の対オーストラリア
（豪州）輸出および輸入の主要品目別内訳が示されているが[1]、日本からオー
ストラリアへの輸出においては化学工業品、工業製品、機械・輸送用機器の3

1）オーストラリアは、2023年において、ドル・ベースでの日本の貿易総額（輸出 ＋ 輸入）
の5.5%を占める第3位の貿易相手国であった。

038　第Ⅰ部　国際貿易

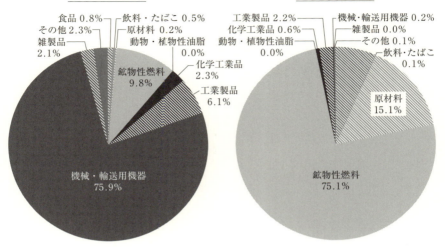

図 3.1 日本の対オーストラリア貿易（2023年）

（出典）国連商品貿易統計データベース（UN Comtrade）のデータから筆者が作成。

品目で輸出額全体の 8 割超を占めている一方[2]、オーストラリアから日本への輸出（日本のオーストラリアからの輸入）においては食品、原材料、鉱物性燃料の 3 品目で全体のほぼすべてを占めている[3]。この図が示す日本とオーストラリアの間の貿易は、自国が相手国に輸出しているモノとは異なるモノを相手国から輸入している形になっており、比較優位の理論が説明する産業間貿易の好例であると言えるだろう。

これとは対照的に、同じく 2023 年における日本の中国との貿易においては[4]、図 3.2 が示すように、日本の中国に対する輸出も中国の日本に対する輸出（日本の中国からの輸入）もその総額の 5 割前後が機械・輸送用機器によっ

---

2) 他方、これら 3 品目が日本のオーストラリアからの輸入の総額に占める割合はわずか 3 ％である。
3) 他方、これら 3 品目が日本のオーストラリアへの輸出の総額に占める割合は 1 割ほどにすぎない。
4) 中国は、2023 年において、ドル・ベースでの日本の貿易総額（輸出 ＋ 輸入）の 20.0％を占める第 1 位の貿易相手国であった。

第 3 章　製品差別化と産業内貿易　039

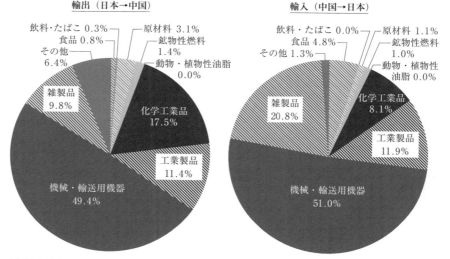

図 3.2 日本の対中国貿易（2023年）

（出典）国連商品貿易統計データベース（UN Comtrade）のデータから筆者が作成。

て占められており、またそれぞれの相手国に対する輸出額の上位4品目（化学工業品、工業製品、機械・輸送用機器、雑製品）も同じでありその合計がそれぞれの輸出総額の9割前後を占めている。つまり、日本と中国はよく似たモノ、同類のモノを互いに輸出入しあうような貿易を行っており、日豪間で見られるような産業間貿易とは異なる形の貿易を行っていることが分かる。

ある国が外国との間でよく似た製品、すなわち品目や産業分類が同じモノを互いに輸出入しあうような貿易のことを、**産業内貿易**という。図3.2で見た日中間の貿易は産業内貿易の好例であると言えるだろうが、こうした産業内貿易は現実の国際貿易においては様々な国の間で広く見られることである。しかしながら、前章で説明した比較優位の理論ではこうした産業内貿易がなぜ生じるのかを十分に説明することは難しい。したがって、産業内貿易のメカニズムを説明するためにはこれとは異なる経済学的理論（モデル）が求められる。

3.2 産業内貿易を統計データでどうとらえるか

　ある国において産業内貿易の割合がどれくらい大きいのか、あるいはどの産業において産業内貿易の傾向が強いのか、といったことを統計データから把握・計測する際に用いられる代表的な指標に、**産業内貿易指数**がある。産業内貿易指数は、この指数を提示して最初に用いた 2 人の研究者（Herb Grubel と Peter Lloyd）の名からグルーベル＝ロイド指数とも呼ばれ、各産業あるいは品目について以下の式によって計算される。

$$産業内貿易指数 = 1 - \frac{(輸出額と輸入額の差の絶対値)}{(輸出額と輸入額の合計)} \tag{1}$$

(1)式に示されるとおり、この指数は、それぞれの産業あるいは品目においてその国の輸出と輸入がどの程度重なっているか（輸出額と輸入額がどれくらい近いか）、を表しており、その重なりが大きいほど指数は大きな値をとり、産業内貿易の程度が大きいと理解する。極端なケースとして、ある産業・品目においてまったく同じ額だけ輸出と輸入を同時に行っている場合、この指数の値は 1 となる。また別の極端なケースとして、ある産業・品目では輸出か輸入かどちらか一方だけを行っている場合（他方がゼロの場合）は、この指数の値は 0 となる。したがって、各産業・品目における産業内貿易指数は 0 以上 1 以下の値となり、輸出と輸入の重なりが大きい（すなわち産業内貿易の程度が大きい）ほど大きい値すなわち 1 に近い値をとる。

　また、各産業・品目における産業内貿易指数を応用して、ある国の貿易全体における産業内貿易の割合の大きさを表す指数を以下の(2)式のようにして計算することが可能である。

$$\begin{aligned} 国全体の & 産業内貿易指数 \\ &= 1 - \frac{\sum_i (産業iにおける輸出額と輸入額の差の絶対値)}{\sum_i (産業iにおける輸出額と輸入額の合計)} \end{aligned} \tag{2}$$

この指数も、上の(1)式の産業内貿易指数と同様、0 以上 1 以下の値として計算され、値が大きいすなわち 1 に近いほどその国の貿易における産業内貿易の

割合が大きいことを示すものと理解される。

　ここで、第3.1節で前述した2023年の日本の対オーストラリア、対中国貿易の例を用いて産業内貿易指数を計算したのが**表3.1**である。日豪間の貿易について見ると、多くの産業または品目において指数は0に近い小さな値をとっており、各産業においていずれかの国がほぼ一方的に輸出を行っていることが示されている。その結果、日豪貿易全体の産業内貿易指数も0.09と非常に小さな値となっており、ここから日豪間の貿易では産業内貿易の割合が小さく、図3.1からも読み取れるとおり両国間の貿易は産業間貿易的な傾向が強いことが分かる。他方、日中間の貿易では、多くの産業で指数の値が相対的に大きく、食品と飲料・たばこを除くいずれの産業でも両国間の輸出入の重なり具合が大きいことが示されている。その結果、日中貿易全体の産業内貿易指数は0.74と大きな値となっており、やはり図3.2からも読み取れるとおり両国間においては産業内貿易が活発であることが分かる。

　次に、特定の相手国との貿易ではなく、日本の対世界貿易（日本以外のすべての外国との貿易）における産業内貿易の程度を見てみよう。**表3.2**には、やはり2023年における日本の各産業における輸出額、輸入額およびそれらから計算した産業内貿易指数が示されている[5]。化学製品、非鉄金属、電気機器といった産業で産業内貿易指数の値すなわち輸出入の重なり具合が非常に大きくなっており、これらの産業において産業内貿易の程度が大きいことが示されている。反対に、産業内貿易指数の値が小さい食料品、鉱物性燃料（石炭、石油、天然ガスなど）、輸送用機器（自動車ほか）といった産業では日本の貿易は輸出か輸入のいずれか一方に大きく偏った（特化した）ものとなっていることが示されている。

　このように、統計データから同一産業における輸出入の重なり具合を容易に数値化できる産業内貿易指数は、各国の貿易において産業ごとにあるいは国全体で産業内貿易がどれくらい顕著かを見るのに大変便利な指標であると言え

5）なお、表3.2で用いた財務省の貿易統計と前出の図表で用いた国連の貿易統計とでは産業・品目の分類の仕方がやや異なっているため、本表における産業・品目の名前や数は前出の図表中のものとは一致しない点に注意いただきたい。

042　第I部　国際貿易

表 3.1 日本の対豪・対中貿易の産業内貿易指数（2023年）

	対オーストラリア			対中国		
	輸出額（千ドル）	輸入額（千ドル）	産業内貿易指数	輸出額（千ドル）	輸入額（千ドル）	産業内貿易指数
食品	138,197	4,248,864	0.06	972,532	8,041,561	0.22
飲料・たばこ	77,166	47,150	0.76	356,788	41,892	0.21
原材料	30,546	9,746,088	0.01	3,859,368	1,810,943	0.64
鉱物性燃料	1,646,223	48,442,118	0.07	1,724,550	1,633,684	0.97
動物・植物性油脂	1,699	7,463	0.37	9,195	54,487	0.29
化学工業品	382,120	381,734	1.00	22,130,260	13,614,196	0.76
工業製品	1,017,502	1,396,398	0.84	14,392,245	20,051,527	0.84
機械・輸送用機器	12,732,948	155,579	0.02	62,508,147	85,666,319	0.84
雑製品	360,150	22,923	0.12	12,452,907	34,951,145	0.53
その他	382,439	86,921	0.37	8,033,837	2,190,997	0.43
	対オーストラリア貿易全体の指数：		0.09	対中国貿易全体の指数：		0.74

（出典）国連商品貿易統計データベース（UN Comtrade）のデータから筆者が計算。

表 3.2　日本の産業内貿易指数（対世界、2023年）

	輸出額（億円）	輸入額（億円）	産業内貿易指数
食料品	11,274	93,390	0.22
原料品	16,067	71,856	0.37
鉱物性燃料	16,166	273,338	0.11
化学製品	110,240	115,476	0.98
鉄鋼	45,017	13,153	0.45
非鉄金属	24,300	24,749	0.99
金属製品	13,434	15,898	0.92
織物用糸・繊維製品	7,855	11,623	0.81
一般機械	184,461	95,939	0.68
電気機器	167,490	178,195	0.97
輸送用機器	236,327	41,336	0.30
		国全体での指数：	0.59

（出典）財務省貿易統計のデータから筆者が計算。

る。ただし、産業内貿易指数には限界があることもよく理解しておく必要がある。まず、産業内貿易指数には、特に指数の値が小さい場合にその国の貿易がその産業において輸出に偏っているのか輸入に偏っているのかまでは示されない。例えば表3.2が示す2023年の日本の対世界貿易の場合、食料品や鉱物性燃料においては日本がほぼ一方的に輸入を行っているために産業内貿易指数の値が小さくなっているのに対し、輸送用機器では日本が輸入をはるかに上回る額の輸出を行っているために指数の値が小さくなっている。また、産業内貿易指数にはその産業における貿易の規模までは反映されていない。例えば同じく表3.2の例では、日本は電気機器や化学製品においては輸出も輸入も活発に（大きな額の貿易を）行ったことで産業内貿易指数の値が大きくなっている一方、非鉄金属では輸出入ともに（少なくとも貿易額の上では）同程度に小さかったことから指数の値が大きくなっている。このように、産業内貿易指数だけからでは、その国の貿易において輸出入ともに規模が大きいのはどのような産業なのか、またどの産業において輸出または輸入への偏りや特化の度合いが大きいのか、といったことまでは読み取れず、こうしたことを理解するためには、表3.1や表3.2に示されたような輸出入額のデータについてもきちんと確認することが重要となる[6]。

3.3 産業内貿易のメカニズム

では、このような産業内貿易はなぜ起こるのか？　前章で説明した比較優位の理論——すなわち国々はそれぞれ相手国よりも低い機会費用で生産が可能な分野（産業）に特化する結果互いに異なる分野の産品を交換しあう形の貿易（産業間貿易）が生じるとする理論——では、なぜ国々は同じ産業や品目の似通ったモノを互いに輸出入しあっているのかを十分に説明することができない。したがって、産業内貿易のメカニズムを説明するためには比較優位に基づく貿易理論とは異なる理論が要求されるのだが、ここではそうした理論や考え方を2つ紹介する。

そのひとつは、**製品の差別化**と**規模の経済**に着目した理論である。製品の差別化（あるいは製品が差別化された状態）とは、品目や用途が同じモノの中にも機能やデザイン等が異なる多様な種類のものが存在する状態のことをいう。また、規模の経済とは、生産規模の拡大によって平均費用が低下することを指す。製品の差別化と規模の経済に基づく貿易理論は、伝統的な比較優位に基づく貿易理論に対する意味で「新貿易理論」とも称されるが、以下ではその代表的存在であるポール・クルーグマン（Paul Krugman）によるモデル（Krugman, 1979, 1980）に基づいてそのエッセンスを紹介する。

前章と同様、単純化のため2つの国だけを考える。また、どちらの国にも共通の1つの産業だけを考え、かつこの産業においては生産者の間で生産技術の差はない（つまりどの生産者も同じ量のインプットから同じ量のアウトプットを生み出せる）ものとする。さらに、両国の消費者の間にも嗜好（選考）の違いはないものとする。すなわち、比較優位に基づく貿易が生じる余地のない世界あ

6）なお、一般に、産業や品目の分類をより細かくしていくと、産業内貿易指数の値も小さくなっていくことにも留意したい。例えば、前出の図表で用いた「輸送用機器」という産業・品目分類の中には、自動車も船舶もともに含まれている。仮に一方の国では「輸送用機器」における輸出のほとんどが自動車の輸出であり、他方の国ではそれが船舶の輸出であったとすると、両国間の貿易について「輸送用機器」における産業内貿易指数の値は高くとも、産業・品目を細分化して船舶と自動車のそれぞれについて別々に指数を計算した場合には値は小さくなるであろう。

るいは経済を考えるわけである。ただし、この唯一の産業では製品が差別化されている（または製品の差別化が可能な）状態を想定する[7]。そして、消費者にとってはより多様な種類の製品を消費することが満足度（効用）の向上につながるため、消費者は入手可能なすべての種類の製品を需要するものとする[8]。一方、生産者（または企業）は生産にあたり、製品1単位ごとの生産費用（限界費用）のほかに、例えば独自のデザインやレシピを開発するなど製品を差別化するための費用を、生産量にかかわらず（すなわち固定費用として）負うものとする。この固定費用により、各生産者の平均費用は生産量が大きくなるほど低下するため[9]、規模の経済が働くことになる[10]。

　このような世界または経済では、貿易はどのようにして生じるのか？　まず、貿易が可能な状態になれば、両国にいるすべての生産者はそれぞれ互いに

7）なお、ここでの製品差別化は、例えば日用的なカバンと高級ハンドバッグのような品質の違いに基づく差別化（垂直的製品差別化）よりは、品質や価格が同等の製品の間での色・デザイン・風味などの面での差別化（水平的製品差別化）を想定したものである。例えば、ソーダなどの清涼飲料水の種類の違いや多様性、コンビニやスーパーで売られるおにぎりの種類の違いや多様性、あるいは機能やスペックが同等のノートパソコンにも様々な色やデザインのものがあることなどを思い浮かべるとよいだろう。

8）消費におけるこのような傾向は、個々の消費者についても一般に当てはまると考えられる（例えばソーダ飲料やおにぎりも様々な種類のものを楽しみたいと考える人が多いのではないだろうか）。また、消費者個々人のレベルでは趣味や好みに偏りがある場合でも（例えば特定のソーダ飲料や決まった味や具のおにぎりしか食べたくない人がいたとしても）、一国の経済全体のレベルで様々な趣味や好みをもった消費者が存在する集団における「平均的な消費者」を考えれば、可能な限り多様な種類の製品を需要するという姿は現実によく当てはまると言えよう。

9）例えば、スーパーやコンビニで売られるおにぎりを例にとり、仮に新たなおにぎりのレシピ開発の費用（固定費用）が10万円、おにぎり1個の生産費用（限界費用）が50円だったとしよう。おにぎりの生産量が10個であれば、レシピ開発費も含めたおにぎり1個あたりの平均費用は $(100,000＋50×10)÷10＝10,050$ 円であるが、生産量が100個に増えれば1個あたりの平均費用は $(100,000＋50×100)÷100＝1,050$ 円、1,000個に増えれば平均費用は $(100,000＋50×1,000)÷1,000＝150$ 円と、生産量が増えるにつれて平均費用は低下する。

10）なお、ここで考える規模の経済とは、個々の生産者あるいは企業において働く規模の経済であり、内部的規模の経済と呼ばれるものである。これに対し、市場や産業全体で働く規模の経済のことは外部的規模の経済（またはマーシャルの外部経済）と呼ばれる。

046　第Ⅰ部　国際貿易

異なる製品を生産するようになり、複数の生産者が全く同じ（すなわち差別化されていない）製品を生産するような状況にはならない。その理由は規模の経済にある。もし複数の生産者または企業が全く同じ種類の製品を生産することになれば、消費者はそのいずれか1企業からしかその製品を買わなくなるため、これらの企業は市場を分け合わねばならなくなり個々の生産量が少なくなってしまい、平均費用が高止まりしてしまう事態となる。それよりは、他社のものとは差別化された独自の製品を生産すれば、両国のすべての消費者が自社製品を買うことになり、生産量を大きくして平均費用を低下させることができるので、各企業は互いに他社とは差別化された製品を生産することを選択するからである。ことによると、貿易前の状態では自国のある企業の製品と全く同じ（差別化されていない）製品を生産している企業が外国にいる、という場合があるかもしれない（2国の市場が分断されているためそれぞれの国の消費者は自国内にいる企業からしか製品を買えないため）。その場合でも、いったん貿易が可能な状態になれば、どちらかの企業が製品の差別化をはかるようになるであろう。こうしてそれぞれの国で互いに異なる製品が生産されるようになれば、両国の消費者——前述のように入手可能なすべての種類の製品を需要する——は、それぞれ自国で生産される（自国の企業が生産する）製品だけでなく外国で生産される（外国の企業が生産する）製品も需要するため、同一の産業において両国間で互いに差別化された製品の輸出入すなわち産業内貿易が起こることになるのである。

　ところで、このような貿易から貿易の利益は得られるのだろうか？　答えはイエスである。たしかに、このモデルが説明する産業内貿易からは、比較優位に基づく特化と交換による貿易の利益は生じない。しかしながらこのモデルでは、貿易前にはそれぞれ国内で生産される製品しか消費できなかった両国の消費者がいずれも、産業内貿易を通じて外国で生産される別の製品も消費することができるようになる。消費者はより多様な種類の製品を消費することで効用が向上するので、この貿易から利益を得ることになるのである。この**多様化による貿易の利益**について新たに指摘したことも、新貿易理論の重要な経済学的貢献である[11]。

　さて、産業内貿易が生じるメカニズムに関するもうひとつの説明は、生産プ

第3章　製品差別化と産業内貿易　**047**

ロセスの国際間分業すなわち**フラグメンテーション**に基づくものである。フラグメンテーションとは、モノ（やサービス）の生産プロセスが、例えば研究開発→素材の加工や部品の製造→最終的な組立、などというふうに工程別に細分化され、一部の工程が外国で実施されている状態のことを言う。海外アウトソーシング、オフショアリング、などといった用語も同義語として用いられることが多い。今日では工業製品の多くでその生産にフラグメンテーションが導入されているが、モノ（やサービス）が完成するまでのプロセスにおいてフラグメンテーションを通じて構築された複数の国の間のネットワークは**グローバル・バリューチェーン**（Global Value Chain: GVC）、グローバル・サプライチェーンなどと呼ばれている。

　あるモノの生産においてフラグメンテーションが行われている場合、貿易の対象は最終的な完成品（最終財）に限られず、そのモノの生産に用いられる部品や半製品（生産工程の途中にある未完成品）といった**中間財**の輸出入も生じる。例えば、日本で製造・加工されたエンジンやブレーキなどの部品をタイの工場で組み立てて自動車を生産する場合、日本からタイにこれらの部品すなわち中間財を輸出する必要がある。こうした**中間財貿易**は、**表3.3**に示されているように今日では世界全体の貿易（輸出額ベース）の半分近くを占めており、その規模は最終財の貿易よりも大きいのである。

　このフラグメンテーションに伴う中間財貿易により、産業内貿易が生じる場合がある。例えば、先ほどと同様自動車の生産においてエンジンやブレーキ等の部品の製造・加工は日本で行い、それらを組み立てて自動車を完成させる工程をタイで行うという形のフラグメンテーションが行われていたとする。このとき、完成した自動車を日本がタイから輸入（逆輸入）した場合、日本とタイの間では自動車やその部品を含む「輸送用機械」産業における産業内貿易が生

11）なお、製品差別化と規模の経済に基づく貿易理論には、ここで紹介したクルーグマンのものとは異なるタイプのモデルも存在する。例えばイーシア（Ethier）によるモデルでは、消費者が需要する財・製品における差別化とは異なり、最終消費財の生産要素として需要される材料や部品などの中間財における差別化を考えている。このモデルにおいては、外国産のものも含めたより多くの種類の中間財を用いることにより最終財の生産性が高まることが多様化による貿易の利益となる。

048　第I部　国際貿易

表 3.3　世界のモノ輸出に占める中間財の割合

	2014年	2015年	2016年	2017年	2018年	2019年	2020年	2021年
モノの輸出総額（10億ドル）	19,091	16,636	16,115	17,829	19,647	19,111	17,740	22,477
中間財輸出額（10億ドル）	7,919	7,150	7,022	7,803	8,509	8,250	8,054	10,297
中間財が占める割合	41.5%	43.0%	43.6%	43.8%	43.3%	43.2%	45.4%	45.8%

（出典）モノの輸出（商品輸出）総額は世界銀行データベース（World Development Indicators）のデータ、中間財輸出は WTO（2023）のデータ（付表 A65）を用いて筆者が計算。

じることになる。グローバル・バリューチェーンの発達著しい今日の世界経済においては、このような中間財と最終財、あるいは中間財と中間財のやりとり（輸出入）を通じた産業内貿易も増加していると言えよう[12]。

12）なお、第3.2節の最後の脚注6でも述べたとおり、産業や品目の分類を細分化すると、中間財と最終財の輸出入は同じ産業・品目内での貿易すなわち産業内貿易とはならない場合がある。例えば、完成品としての自動車とその部品はいずれも、国連が定めた標準国際貿易分類（Standard International Trade Classification: SITC）における「路上走行車両」（road vehicles）という品目に含まれるが、この品目をさらに細かくした分類においては完成品の自動車と自動車用部品とは別の品目に属するため、ここで用いた日本とタイの貿易は産業内貿易の例とはならなくなる。

第4章

貿易政策とその影響

　現実の国際貿易においては、各国の政府は自国と外国との取引すなわち輸出や輸入に関連する様々な政策を導入・実施しており、そうした政策を総称して貿易政策と言う。また、政府の政策の中には貿易を直接の対象としていないものの結果として自国の輸出入に影響を及ぼし実質的に貿易政策として機能するものもある。本章では、貿易政策の中でも最も伝統的かつ代表的な政策である関税をとりあげ、その機能や効果、政策を導入した当該国の経済への影響に関する基礎的な経済学のモデルを用いた分析・考察について紹介する。また、直接的な貿易政策ではないものの関税とよく似た効果をもつ政策についてもその一例をとりあげて政策の機能や影響についての分析を紹介する。

4.1　自由貿易と貿易の利益：市場のモデルによるとらえ方

　本章では、需要曲線と供給曲線から成る市場のモデル（競走市場のモデル）を用いて関税その他の貿易政策の効果や影響を分析する。その準備として、本節ではまず、貿易とりわけ自由貿易の状態が市場のモデルを用いてどう表されるかを説明する。なお、市場のモデルすなわち需要と供給のグラフやそれを用いた分析は経済学では部分均衡モデルあるいは部分均衡分析と呼ばれるが、その利点は、分析の対象となる特定のモノ（財）の市場にのみ着目することで政策などの影響の分析を比較的容易に行うことができることで、特に効果や影響を定量化あるいは数値化する必要がある場合などに有用であるといえる。他方、部分均衡分析では、着目する財以外の関連の深いその他の財や生産要素

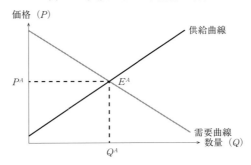

図4.1 市場のモデルと貿易前の均衡

（資本や労働など）の市場への波及的な影響を捨象してしまうため、政策などが経済の様々な部門にもたらす効果や影響の全体を把握するのが難しい点が弱点と言えるであろう[1]。

4.1.1 貿易前の状態（閉鎖均衡）

図4.1は、ある国におけるある財の需要と供給を表したグラフ（市場のモデル）である。需要と供給のグラフについては標準的な経済学の入門テキストには必ず説明されているので詳しい説明はそちらに譲ることとするが、国際経済学の視点から見た場合、図4.1の点 E^A はこの国がこの財について外国との貿易をすることなく国内の需給が自給自足でバランスしている状態、すなわち貿易前の均衡（**閉鎖均衡**という）を表している。したがって、貿易前の状態では、この国においてはこの財の価格は国内の需要量と供給量が一致する P^A の水準に定まり、その国内取引量は Q^A となる。

1）これに対し、特定の財や部門だけでなくそれに関連する他の財・部門や生産要素部門を含めた経済全体の動きや影響の分析を試みるもの（モデル）を一般均衡分析（一般均衡モデル）という。一般均衡分析の利点は政策や市場の変化の影響を経済の一部門のみに限定せず他部門への波及効果までを含めて全体的に捉える点であるが、多数の部門からなる現実経済をモデル化して捉えきるのは非常に困難であるため、直観的な理解や分析のためには現実の経済をかなり単純化した形でモデル化せざるを得ないことが難点として挙げられる。なお、本書第2章で紹介した比較優位の貿易理論は一般均衡モデルの一種である。

4.1.2 自由貿易の状態(1)：輸入国となる場合

では次に、この国がこの財について外国と自由貿易を行う（または行うことができる）状態を考えよう。分析をより分かりやすくするため、ここでは、この国におけるこの財の市場は世界全体の市場規模と比べて非常に小さいためこの国の国内市場での需要や供給の変化がこの財の国際価格（世界全体の市場の均衡価格）に影響を及ぼすことはない、という状態を考えることにする[2]。この場合、この国がこの財について外国と自由貿易を開始するということは、国内における財の取引が国内の需給バランスとは関係なく世界全体の市場（国際市場）で定まったこの財の国際価格に従って行われる、ということを意味する。

図4.2には、この財の国際価格 P^W がこの国の貿易前の均衡価格 P^A よりも低い場合が示されている。この場合、この国では Q_d で表される数量の財が国内の買い手（消費者）によって需要される一方、国内の売り手（生産者）はこれより少ない数量 Q_s しか財を供給せず、国内の供給だけでは国内の需要を満たすことができないことになる。貿易のない世界ではこのように財に不足（超過需要）が生じている状態ではこれを解消するように市場メカニズムが働いての価格は P^A まで押し上げられるのだが、自由貿易の状態では財の価格は国際価格 P^W のまま動かない。代わりに、この国では国内で生じる不足を外国からの輸入によって補うことになる。すなわち、国内の需要量 Q_d と供給量 Q_s の差（$Q_d - Q_s = IM$）の数量だけ外国から輸入することとなり、この国はこの財の輸入国となるわけである。

4.1.3 自由貿易の状態(2)：輸出国となる場合

他方、**図4.3**が示すように、国際価格 P^W がこの国の貿易前の均衡価格 P^A よりも高い場合はどうなるであろうか？　この場合、国内の生産者が数量 Q_s を供給しようとする一方、国内の消費者はこれより少ない数量 Q_d しか需要せず、国内市場ではこの財に余剰（超過供給）が生じる。自由貿易の状態では財の価格は国際価格 P^W のまま動かず国内の需給はバランスされないが、その代

2）このような状態を経済学では小国開放経済（のケース）と言う。

052　**第Ⅰ部　国際貿易**

図 4.2　輸入国のケース

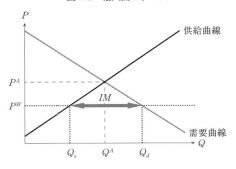

図4.3　輸出国のケース

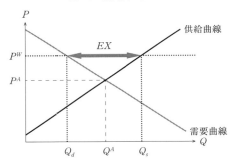

わりに国内で生じる余剰は外国への輸出によって解消されることになる。すなわち、国内の供給量 Q_s と需要量 Q_d の差（$Q_s - Q_d = EX$）の数量だけ外国に輸出することとなり、この国はこの財の輸出国となるわけである。

4.1.4　貿易の利益

　さて、本節の締めくくりに、市場のモデルを用いた部分均衡分析により、財の自由貿易（輸入または輸出）を通じてこの国が得る経済的利益すなわち**貿易の利益**を確認しておくこととする。市場のモデルでは、市場取引がもたらす経済的利益（あるいは経済厚生）は**消費者余剰**と**生産者余剰**という概念を用いてとらえることができる[3]。**図4.4**は、図4.1と同様この国における貿易前の市場の均衡状態を示しているが、図中に薄い灰色で示された部分が消費者余剰

を、濃い灰色で示された部分が生産者余剰をそれぞれ示しており、これらの総和すなわち**総余剰**がこの財の市場取引がもたらす経済的利益を示している[4]。

では、自由貿易が行われた場合、この財の取引によるこの国の総余剰はどうなるであろうか？　まず輸入国の場合から見てみよう。**図4.5**には、図4.2と同様、この国がこの財の輸入国となった場合が示されている。この場合、この国の消費者は貿易前よりも低い価格（$P^W < P^A$）でより多くの数量を消費できているため（$Q_d > Q^A$）、図中に薄い灰色で示された消費者余剰は図4.4の貿易前の状態と比べて大きくなっている。他方、生産者は貿易前より低い価格でより少ない数量しか供給できなくなっているため（$Q_s < Q^A$）、図中に濃い灰色で示された生産者余剰は貿易前の状態と比べて小さくなっている。これらを足し合わせた総余剰を貿易前と比較すると、図中に太線で囲った三角形の部分だけ大きくなっていることが分かる。すなわち、この財の輸入国となったこの国では、消費者が得る利益（消費者余剰の増加）が生産者の被る損失（生産者余剰の減少）を上回るため、自由貿易を通じて総余剰を増加させることができる。これが輸入国にとっての貿易の利益である。

次に輸出国の場合を見てみよう。**図4.6**には、図4.3と同様、この国が財の輸出国となった場合が示されている。この場合、消費者は貿易前よりも高い価格（$P^W > P^A$）でより少ない数量しか消費しなくなったため（$Q_d < Q^A$）消費者余剰（薄い灰色部）は貿易前の状態（図4.4）と比べて小さくなる一方、生産者は貿易前より高い価格でより多くの数量を供給するようになったため（$Q_s > Q^A$）生産者余剰（濃い灰色部）は貿易前の状態と比べて大きくなり、これらを足し合わせた総余剰は貿易前と比較して図中に太線で囲った三角形の部分だけ大きくなる。このように、財の輸出国となったこの国では、生産者が得る利益（生産者余剰の増加）が消費者の被る損失（消費者余剰の減少）を上回るため、自由貿易を通じて総余剰を増加させることとなり、これが輸出国にとっ

3）消費者余剰や生産者余剰の解説については標準的な経済学の入門テキストに譲ることとする。

4）なお、経済学の入門的教科書や授業が教えるように、貿易のない世界ではこの図で示された状態（自給自足の市場均衡または閉鎖均衡の状態）が総余剰を最も大きくする状態である。

図 4.4 貿易前の消費者余剰と生産者余剰

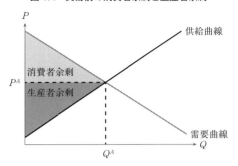

図 4.5 輸入国が得る貿易の利益

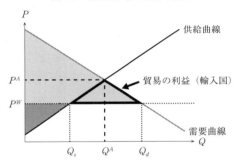

図 4.6 輸出国が得る貿易の利益

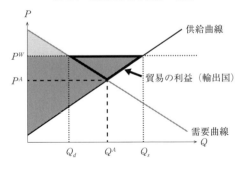

第 4 章 貿易政策とその影響 | 055

ての貿易の利益である。こうして、輸入国、輸出国のいずれにも自由貿易が貿易前の状態（閉鎖均衡）から総余剰の拡大すなわち貿易の利益をもたらすことが確認できる。

4.2 関税とその効果・影響

4.2.1 関税とは

　ではいよいよ、市場のモデルを用いた貿易政策の効果と影響の分析（部分均衡分析）について見ていくこととするが、ここでは最も代表的な貿易政策である関税についてとりあげる。

　輸入関税（あるいは単に**関税**）とは、外国からの輸入品に対して国境で課せられる税のことである。関税は様々な国の政府が広く導入している貿易政策の典型であると言えるが、その主な目的のひとつは輸入品との競争にさらされる自国の産業すなわち国内の生産者を保護することである[5]。**表4.1**は我が国の関税率を品目別に例示したものである[6]。

表4.1　我が国の主な商品の関税率の目安

（2024年4月1日現在）

品目名	関税率
毛皮のコート	20%
シャツ、肌着	7.4 ～ 10.9%
ハンドバッグ	8 ～ 16%
パソコン	無税
玩具	無税
乗用自動車、オートバイ	無税
履物（甲またはその一部が革製のもの）	30%または4,300円／足のうちいずれか高い税率
寝具類（毛布、ベッドリネン、マットレス、布団）	3.2 ～ 10.9%
茶葉（ウーロン茶、紅茶）	3 ～ 17%
清涼飲料水	9.6 ～ 13.4%
ワイン	45 ～ 182円／ℓ
チーズ	22.4 ～ 40%

（出典）税関ホームページ「カスタムスアンサー（税関手続き FAQ）」の「1204 主な商品の関税率の目安」（https://www.customs.go.jp/tetsuzuki/c-answer/imtsukan/1204_jr.htm）より抜粋。

056　第Ⅰ部　国際貿易

4.2.2 関税のメカニズムと効果

ここでは、第4.1節と同様に、市場規模が世界全体に対して非常に小さい国（小国開放経済）の場合を考え、関税が国内市場での財の価格や取引量および輸入量をどのように変化させるかを見ることとする。なお、関税は輸入品に対する政策であるので、ここでは前節の第4.1.2項で説明した財の輸入国（自由貿易の状態で財の輸入を行っている国）の場合について考えることとする。なお、関税の形態（税率の定め方）には大きく分けて2つのタイプがあり、一方は輸入品の一定数量に対して定額の関税を（例えば輸入米1キログラムに対して400円の関税、というふうに）課す**従量税**、もう一方は輸入品の価格に一定の率（パーセント）を乗じた額の関税を課す**従価税**と呼ばれる形態であるが、ここでは従量税の場合について考察することとする[7),8)]。

ある財の輸入国の政府が、この財の外国からの輸入に対し数量1単位あたりtという額の関税を課したとする。この状況を市場のモデルを使って示したのが**図4.7**である。前節の図4.2と同様、P^Wはこの財の国際価格、Q_d、Q_s、IMはそれぞれ関税がかけられていない自由貿易の場合の国内消費者の需要量、国内生産者の供給量、この国の財の輸入量を、それぞれ示している。政府が数量1単位あたりtの関税を賦課すると、外国からの輸入品はこの国の国内市場ではもとの価格P^Wに関税額を加えた$P' = P^W + t$という価格（いわば税込価格）で販売されることになるが、この価格上昇に伴い国内消費者の財の需要量は

5）関税には他にも政府による歳入の確保という役割もあり、一部の開発途上国にとっては重要な財源となっている場合もある。

6）税関ホームページ「カスタムスアンサー（税関手続き FAQ）」の「1204 主な商品の関税率の目安」（https://www.customs.go.jp/tetsuzuki/c-answer/imtsukan/1204_jr.htm 2024年7月11日アクセス）より抜粋。

7）実際の関税の形態にはこれら2つのほかに、いずれかの形態の選択式、両者を組み合わせた形態、季節によって税率が変動する方式などが用いられている。

8）なお、小国開放経済の場合、以下に示す従量税方式の関税の分析を、従価税方式の関税の分析にそのまま当てはめることができる。すなわち、数量1単位あたりの関税額tを、財の国際価格P^Wに一定の関税率をかけた額（例えばP^Wの10％の額、など）と考えればよい。小国開放経済の場合はP^Wは国内市場での財の取引量にかかわらず一定であるので、従価税方式で定められた関税も従量税と同様に一定額となる。

第4章　貿易政策とその影響　057

Q'_d に減少する。他方、国内生産者は輸入品との競争価格が P' に上昇したことで供給量を Q'_s まで増やすことができる。この結果、国内の需給ギャップを満たすための輸入量は IM' まで減少することとなる。このように、関税は外国からの輸入を制限する効果をもつのである[9]。

4.2.3 関税の影響（厚生効果）

では、この関税がこの国の国内市場における経済的利益すなわち総余剰にどのような影響をもたらすかを、関税がかけられる前の自由貿易の状態と比べて見てみよう。図 4.8 中の a、b、c、d はいずれもグラフ中に見出される図形とその面積を示しており、a は P^W と P' の 2 つの価格を示す線と供給曲線で仕切られた台形、b はその右隣で関税後の国内供給量 Q'_s を示す線で区切られた直角三角形、c は関税後の輸入量 $IM' = Q'_d - Q'_s$ を底辺とし 2 つの価格の差 $P' - P^W = t$ を高さとする長方形、そして d は c の右隣に位置し需要曲線と P^W の価格線との交点を頂点にもつ直角三角形である。これら 4 つの図形を使って関税賦課前後の余剰の変化を見ることができる。

まず消費者余剰であるが、関税前（自由貿易状態）にはこの国の消費者は価格 P^W で数量 Q_d だけこの財を消費していたが、関税後は P' という高い価格で Q'_d という少ない数量しか消費しなくなったため、消費者余剰は関税前から減少する。この消費者余剰の減少は a、b、c、d の 4 つの図形を足した部分（あるいは $a+b+c+d$ が示す横長の台形）によって示され、この面積に相当する額の消費者余剰が関税によって失われることになる。

次に生産者余剰であるが、関税前は価格 P^W で数量 Q_s だけ財を供給していたこの国の生産者は、関税後には P' という高い価格で Q'_s というより多い数量を供給するようになり、生産者余剰は関税前から増加する。この生産者余剰の増加は台形 a によって示され、この面積に相当する額だけ国内生産者の余剰は増加することになる。

さて、政策の総余剰への影響を分析する際には、消費者、生産者に加えてもうひとつの経済主体すなわち政府の得失についても考慮する必要がある。この

9）同時に国内生産者の供給量すなわち販売量を増やす効果をもつことにも注目しよう。

058 第 I 部 国際貿易

図 4.7 関税の効果

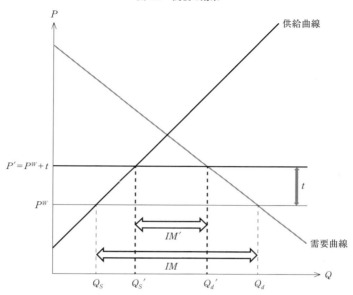

図 4.8 関税の影響（厚生効果）

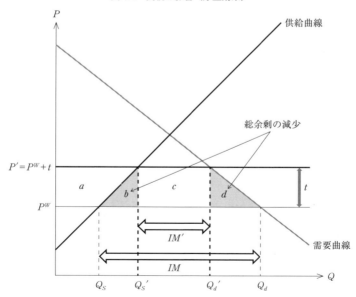

関税から政府は歳入（関税収入）を得るが、その額は輸入数量 1 単位あたりの税額 t に関税後の輸入量 IM' を乗じた額（$t \times IM'$）となる。これは図中の長方形 c の面積に等しく、これがこの関税から政府が得る税収という利得を表している。

　最後にこの国内市場における総余剰への影響を確認しよう。総余剰は消費者余剰と生産者余剰にさらに政府の歳入を加えたものとなるが、ここではその変化分だけに着目する。総余剰の変化は消費者余剰、生産者余剰、政府の歳入歳出の変化を合わせたものとなるが、上述のとおり、この関税により消費者余剰は $a+b+c+d$ の減少（マイナス）となるが、このうち a は生産者余剰の増加（プラス）と、c は政府の歳入（プラス）と、それぞれ相殺されるが、$b+d$ の減少分（マイナス）は回復されずに残ってしまう。すなわち、関税の導入によって、この輸入国の総余剰は関税前（自由貿易時）と比べて b と d の 2 つの三角形の面積が示す分だけ失われる（減少する）ことになるのである[10]。

　この分析から、少なくとも市場規模が世界全体に対して非常に小さい国（小国開放経済）においては、輸入財に対する関税は、同じ財を生産する（輸入財と競争している）国内生産者には利益をもたらす一方、消費者には損失を与えることとなり、その損失は政府が関税から得る税収（関税収入）を加味しても完全には相殺されずに残ってしまうことが分かる。関税の主たる目的が国内の生産者の保護にあると先に述べたが、その目的を達成するために国の経済全体としてはコストを（主に消費者の余剰損失により）負うことになる、というわけである。

4.3　関税以外の政策の効果と影響

4.3.1　国内生産者への補助金政策

　前節では関税がどのように輸入を制限するかについて見たが、関税以外にも輸入を制限する効果をもつ政策は存在する[11]。輸入数量を直接制限する輸入

10）この b と d の 2 つの三角形で示される総余剰の減少は、関税による死荷重である。なお死荷重については経済学の標準的な入門テキストを参照されたい。

060　第 I 部　国際貿易

割当などはその典型と言えるが、外国からの財の輸入あるいは輸入品を直接対象とした政策でなくとも結果として輸入の制限につながるものもある。本節ではそのような政策の一例として、国内生産者に対する補助金政策について考えてみることとする。

4.3.2 輸入国における国内生産補助金の効果と影響

　前項と同様、引き続き小国開放経済の輸入国（自由貿易状態で財の輸入国となっている国）を考える。外国からの輸入には関税その他の直接的制限を加えることなく、この国の政府がこの財の国内生産者に対して補助金を交付する政策を導入したとしよう。手始めに、補助金は財の生産活動に対して交付されるものとし、生産数量1単位につきsという定額の補助金が（従量式で）交付される場合を考えよう。市場のモデルでは、**図4.9**に示されるとおり、この補助金は国内生産者の財1単位の供給費用（限界費用）をsだけ引き下げるので、供給曲線を垂直方向にsだけ押し下げることになる。市場で取引される財の価格は国際価格に従いP^Wのまま変わらないので、国内消費者の需要量はQ_dのまま生産補助金導入前と変わらないが、国内生産者の供給量は供給曲線が押し下げられたことによりQ_sからQ_s''に増加する。この結果、国内の需給ギャップを満たすための輸入量はIMからIM''に減少することから、この国内生産補助金が輸入制限効果をもつことが分かる。

　次に、補助金の交付の仕方を少し変えて、国内生産者の生産ではなく販売に対して数量1単位につき定額sの従量式の補助金が交付される場合を、引き続き図4.9を使いながら考えてみよう。この場合、生産者の生産費用は変わらないので供給曲線は元のままである。ただし、生産者が消費者に対して市場で適用される価格（国際価格）P^Wで財を販売すると、これに補助金sが政府から交付されるので、生産者は財1単位の販売からP^W+sの収入を得ることとなり、生産者にとっての販売価格は実質的にsだけ上昇することになる[12]。これによって国内生産者は（元の供給曲線に沿って）供給量を増やすが、その供

11）輸入制限効果をもつ関税以外の政策や制度は輸入に対する**非関税障壁**と総称される。

12）なお、この補助金は外国からの輸入品の販売には交付されない点に留意せよ。

第4章　貿易政策とその影響　｜　061

給量はちょうど Q_s'' となる。つまり、生産者への補助金の交付の仕方によって
この補助金の効果が変わることはなく、生産に対する補助金であれ販売に対す
る補助金であれ、補助金の額（財1単位につき s）が同じであれば同じ効果を持
つ。よって先ほどと同様、この補助金によって財の輸入量は IM から IM'' に
減少する。

　最後に、この国内生産者に対する補助金政策がこの輸入国の総余剰にどのよ
うな影響を与えるかを、**図4.10**を使いながら考察しよう。なおここでは、余
剰の変化をグラフ上により分かりやすく示すために販売に対する補助金のケー
スで考察するが、前述のとおり補助金交付の仕方によらず政策効果は同じであ
るため、生産に対する補助金の場合も（グラフは若干異なるが）余剰への影響
は同じである。図中の A、B はグラフ中に見出される図形とその面積を示し
ており、A は供給曲線と国際価格 P^W およびこれに補助金を加えた国内生産者
の受取価格 P^W+s を示す線で囲まれた台形、B はその右隣に位置し国際価格
P^W と補助金後の国内供給量 Q_s'' で区切られた直角三角形であるが、この2つ
の図形を使って補助金導入前後の総余剰の変化を見ることができる。まず消費
者余剰については、財の価格（P^W）も消費量（Q_d）も補助金導入前（自由貿易
状態）から変化しないので、消費者余剰も変化はゼロである。次に生産者余剰
であるが、補助金導入前は価格 P^W で数量 Q_s だけ財を供給していた国内生産
者は、補助金交付により財1単位あたり P^W+s という額を受け取りつつ Q_s''
というより多い数量を供給するようになり、それにより生産者余剰は台形 A
の面積相当分だけ増加することになる。最後にこの国の政府は補助金交付に伴
う財政支出を負うこととなるが、その歳出額は数量1単位あたりの補助金額 s
に補助金導入後の国内生産者の供給量 Q_s'' を乗じた額（$s \times Q_s''$）となり、これは
図中の A と B を合わせた長方形の面積に等しい損失となる。したがって、こ
の補助金によるこの国の総余剰の変化は、これらの変化をすべて合わせたも
の、すなわち政府の歳出 $A+B$（マイナス）から生産者余剰の増加分 A（プラス）
を相殺した三角形 B（マイナス）の面積に相当する額の減少・喪失となる[13]。

13）この三角形 B で示される総余剰の減少がこの国内生産者への補助金政策による死荷重
　　である。

062　**第 I 部　国際貿易**

図 4.9 輸入国における国内生産者への補助金の効果

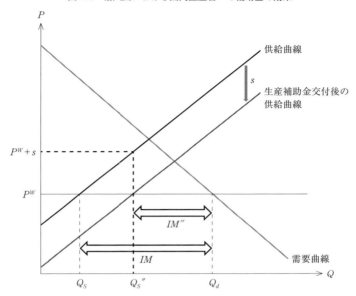

図 4.10 輸入国における国内生産者への補助金の影響（厚生効果）

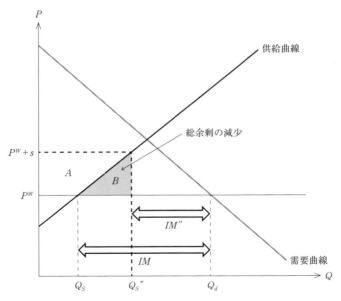

以上の考察から分かるように、輸入制限効果をもつ生産補助金は、少なくとも小国開放経済においては、関税の場合と同様に輸入品との競争から保護される国内生産者には経済的利益（余剰の増加）をもたらすが、それを上回るコストを政府の歳出（ひいては納税者たる国民の負担）の形で生じさせ、結果として経済全体では損失（余剰の減少）につながるのである。

第5章

国際貿易の制度とルール

　貿易に関心を持って日々のニュースや論説を見聞している読者であれば、WTO の名前に一度は触れたことがあるのではなかろうか。WTO およびその前身の GATT は国際貿易に関する制度やルールおよびその構築を担ってきた中心的存在である。本章では、WTO とその沿革、および WTO 体制とその下での貿易の国際ルールについて概説する。合わせて特定の国や地域間で結ばれる取り決めについても概説する。

5.1　イントロダクション：世界の貿易政策の歴史概観

　貿易すなわちモノやサービスの国境を越えた取引や移動に負の影響を及ぼす要因となるものを貿易障壁という。貿易障壁には国と国との間の距離のような地理的要因、モノやサービスの移動に必要な輸送や情報通信のような技術的要因、そして関税[1]のような政策的要因などが含まれる[2]。輸送技術や通信技術が進歩したり多くの国で関税が引き下げられたりすることは世界的な貿易障壁の引き下げとなり、世界貿易の促進に寄与する。

　図 5.1は、1865年から2010年にかけての世界の平均関税率[3]の推移を示した

　1）関税（輸入関税）については本書第 4 章を参照のこと。
　2）なお、モノやサービスの移動にかかる時間も貿易障壁として考えることができよう。地理的距離の長さ・遠さや輸送・通信技術の高さはモノやサービスの越境移動の時間にも影響する。加えて、国々の間の言語の違いや制度的・文化的差異もまた、貿易障壁の一種と考えられよう。

第 5 章　国際貿易の制度とルール　065

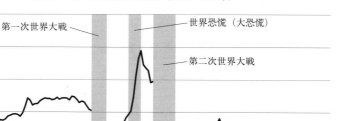

図5.1 世界平均関税率の推移（1865～2010年）

（注）関税率は以下の35か国の平均：アメリカ、アルゼンチン、イギリス、イタリア、インド、インドネシア、ウルグアイ、エジプト、オーストラリア、オーストリア＝ハンガリー帝国（現・オーストリアとハンガリー）、カナダ、キューバ、ギリシャ、コロンビア、シャム（現・タイ）、スウェーデン、スペイン、セイロン（現・スリランカ）、セルビア、中国、チリ、デンマーク、ドイツ、トルコ、日本、ニュージーランド、ノルウェー、ビルマ（現・ミャンマー）、フィリピン、ブラジル、フランス、ペルー、ポルトガル、メキシコ、ロシア。

（出典）Feenstra and Taylor（2014）, Figure 1-4（p.14）

ものである。19世紀末から第一次世界大戦勃発前までの期間は第一次グローバル化の時代あるいは世界貿易の第一次「黄金期」などと呼ばれており、世界の貿易量が大きく拡大した時期である。これには蒸気船や鉄道や電信の発達による輸送・通信技術の革新が大きく寄与したが[4]、この時代の世界の平均関税率

3）ここでは以下の35か国の平均関税率である：アメリカ、アルゼンチン、イギリス、イタリア、インド、インドネシア、ウルグアイ、エジプト、オーストラリア、オーストリア＝ハンガリー帝国（現・オーストリアとハンガリー）、カナダ、キューバ、ギリシャ、コロンビア、シャム（現・タイ）、スウェーデン、スペイン、セイロン（現・スリランカ）、セルビア、中国、チリ、デンマーク、ドイツ、トルコ、日本、ニュージーランド、ノルウェー、ビルマ（現・ミャンマー）、フィリピン、ブラジル、フランス、ペルー、ポルトガル、メキシコ、ロシア。

4）その他、国際通貨制度としての金本位制の確立もこれに寄与したと考えられる。国際通貨制度や金本位制については本書第11章を参照のこと。

は概ね安定していた（15％前後）。この「黄金期」は第一次大戦の勃発（1914年）により絶たれるが、大戦後に当時の主要各国は再び貿易を活発化した。ところが次項第5.2.1項で後述するように、1930年代に入り世界恐慌の発生が各国の貿易に対する態度を一気に保護主義的に変えてしまった。本図において世界の平均関税率がこの時期に急激かつ大幅に上昇していることにそれがよく表れている。

なお、第二次世界大戦以後は世界の関税率は細かな変動はあるものの着実に低下してきているが、この背景には次節で述べるように GATT および WTO の下での世界各国の協調による貿易自由化政策の進展がある。本書第1章で見たとおり戦後の世界貿易は大きく拡大してきたが、それにはこうした世界的な貿易障壁の着実な引き下げが寄与したところも大きいと言えよう。

5.2　WTO と世界貿易の制度[5]

5.2.1　WTO 以前：戦後の世界貿易システムと GATT

1930年代初頭、世界恐慌の中で欧米を中心とした各国は、外国からの輸入を制限することで自国の産業や雇用を守ろうとして保護主義的な貿易政策[6]を互いにとり合った[7]。その結果、世界の貿易は急速に収縮し、そのことがかえって各国の不況からの経済回復を遅らせる結果につながったと言われている。この反省を踏まえ[8]、第二次大戦後各国は、保護主義的な貿易政策からの脱却と

5）なお、本節および次節（第5.3節）は、若杉〔編著〕（2024）における筆者の記述（第Ⅱ部第5章）を基に加筆修正したものである。

6）関税の引き上げ等、外国からの輸入に対して高い障壁を設ける政策のこと。

7）大恐慌が最初に起こったアメリカが1930年に新たな関税法（スムート・ホーリー法、Smoot-Hawley Tariff Act）により幅広い品目に対する関税の大幅引き上げを行ったが、他の国々もこれに対抗して自国の関税を引き上げたため、世界が"貿易戦争"とも呼ばれる状況に陥った。

8）なお、本書第1章で見たとおり、世界金融危機の際は貿易への負の影響は長続きせず翌年には世界の貿易額は急回復したが、これには主要国が世界恐慌の際の保護主義的"貿易戦争"の反省からできるだけ開放的な貿易政策の維持に努めたことの寄与もあったと考えられる。

第5章　国際貿易の制度とルール　067

表 5.1　GATT の貿易交渉ラウンド

年・期間	ラウンド名（または開催地）	交渉の分野・テーマ	参加国数
1947	第 1 回（ジュネーブ）	関税	23
1949	第 2 回（アヌシー）	関税	13
1951	第 3 回（トーキー）	関税	38
1956	第 4 回（ジュネーブ）	関税	26
1960-1961	ディロン・ラウンド	関税	26
1964-1967	ケネディ・ラウンド	関税、反ダンピング措置	62
1973-1979	東京ラウンド	関税、非関税障壁等	102
1986-1994	ウルグアイ・ラウンド	関税、非関税障壁、サービス貿易、知的財産、紛争解決手続き、WTO の設立等	123

（出典）WTO（2015），p. 16

　貿易自由化を目指した国際機関（国際貿易機関：ITO）の設立のための協議を開始した[9]。同時に、ITO 設立までの間に世界恐慌時から残っていた保護主義的貿易政策を早期に見直し貿易自由化を促進すべく、1945年12月に15の国が関税の相互引き下げの交渉を開始し、1947年10月、最終的に23か国の間で**関税と貿易に関する一般協定**（General Agreement on Tariffs and Trade：**GATT**）が締結された。GATT は当初 ITO 設立までの暫定的な協定と位置付けられていたが、結局 ITO の設立が失敗に終わったことから[10]、その後47年間にわたり貿易に関する事実上の国際機関として、世界各国が貿易自由化を促進するための交渉と意思決定の場として機能することとなり、戦後の世界の貿易ルールはこの GATT 体制の下で形成されていったのである。

　GATT 体制の下、加盟国は多国間交渉を重ねて輸入関税等の貿易障壁を互いに段階的に引き下げていった。合意に至るまでの一連の交渉はラウンドと呼ばれ、GATT 時代には全部で 8 回のラウンドで交渉が行われた。**表5.1**には GATT 時代の 8 つの貿易交渉ラウンドの概略を示しているが、この表にある

---

9 ）50を超える国がこの交渉に参加した。

10）設立交渉に参加した国々の間で1948年には ITO 設立のための憲章（ハバナ憲章）が署名されていたものの、主要国において憲章の国内批准が拒否されてしまったため、設立に至らなかった。

068　第Ⅰ部　国際貿易

とおり、ラウンドを重ねるごとに交渉参加国すなわち GATT 加盟国も増えていった[11]。また、初期のラウンドでは交渉は専ら輸入関税を対象としていたが、交渉の成果として関税の引き下げが進んでいくにつれ、また世界の貿易がより複雑なものになっていくにつれ、交渉のテーマは関税以外の貿易障壁やルールへと拡大していった。

5.2.2　GATT ウルグアイ・ラウンドと WTO の発足

　GATT の下での最後の貿易交渉となったウルグアイ・ラウンドは1986年9月に始まった。サービス貿易や知的財産を含む過去に類を見ない多種多様な議題や交渉参加国の数の多さもあり交渉は7年半の長期にわたったが、1994年4月に参加123か国の間で合意が成立した。このウルグアイ・ラウンド合意のハイライトが、国際貿易とそのルールに関する恒久的国際機関としての**世界貿易機関**（World Trade Organization：**WTO**）の設立であった。WTO はウルグアイ・ラウンドで署名された協定（世界貿易機関を設立するマラケシュ協定）により1995年1月に発足し、これと同時にウルグアイ・ラウンドで合意された貿易に関する各種協定やルールが発効したのである。

5.2.3　WTO の概要

　WTO は貿易および貿易に関連した様々なイシューに関する国際機関として、加盟国による多国間貿易交渉の「議場」であると同時に、協定により定められたルールの実施を管理する機能と役割を担っている。また後述するように、加盟国間の貿易に関する紛争解決を図る機能も持っている[12]。加えて、加盟各国の貿易政策に関する定期的なレビューや情報公開も行っている。

　WTO と GATT の最も大きな違いのひとつは、GATT が基本的にモノの貿易のみを対象としてきたのに対し、WTO ではモノ貿易のみならずサービス貿易や貿易における知的財産に関する事項もその交渉やルールの対象としている点である。**表5.2**は WTO における協定の基本構造を示したものである。本来

11）なお日本は1955年9月に GATT に加盟した。
12）本章第5.3.3項参照。

第5章　国際貿易の制度とルール　**069**

表 5.2 WTO 協定の基本構造

包括協定	WTO 設立協定（マラケシュ協定）		
	モノの貿易	サービス貿易	知的財産
基本原則	GATT	GATS	TRIPS
追加的詳細	（個別品目や項目に関する協定、附属書）	（各種サービスに係る附属書）	
その他	各国のコミットメント・スケジュール	各国のコミットメント・スケジュール（および MFN 例外事項）	
紛争解決	紛争解決に係る規則および手続きに関する了解		
政策の透明性	貿易政策検討制度		

（出典）WTO（2015），p. 24

は協定である GATT は WTO においてもモノの貿易とそのルールに関する基本協定として、ウルグアイ・ラウンドで合意されたサービス貿易に関する協定（**サービス貿易に関する一般協定**、General Agreement on Trade in Services：**GATS**）ならびに知的財産に関する協定（**知的所有権の貿易関連の側面に関する協定**、Agreement on Trade-Related Aspects of Intellectual Property Rights：**TRIPS 協定**）とともに WTO における中心的な協定として位置づけられている。その他、WTO の下には、個別のテーマや貿易品目に関する協定を含む約30の協定・合意および加盟各国の約束（コミットメント）[13]が存在する。

なお2024年6月末現在、164の国と地域が WTO に加盟しており[14]、これら WTO 加盟国による貿易は世界の貿易全体の98％を占めている[15]。

5.3 WTO の下での国際貿易ルールの基本

5.3.1 2つの無差別原則

WTO における貿易のルールは、2つの無差別原則によって貫かれている。

---

13) 加盟各国の個別の約束は、どのような施策をいつまでに実行するかが記されているため、「スケジュール」と呼ばれる。

14) 2016年7月29日にアフガニスタンが164番目の加盟国となって以後、現時点まで加盟国・地域の数は変わっていない。

15) WTO ウェブサイトによる（www.wto.org　2024年7月11日アクセス）。

ひとつは、「貿易においてすべての WTO 加盟国を同等に扱わなければならない」という原則で、これを**最恵国待遇**（Most-Favoured-Nation treatment：**MFN**）の原則と言う。例えば、ある国が日本からの輸入乗用車に対して他の国よりも低い３％という率の関税を課す約束をした場合、その国は日本以外のすべてのWTO 加盟国からの輸入乗用車に対する関税率も同じく３％にせねばならない、ということである[16]。この MFN 原則は、モノの貿易については GATTの第１条に、サービス貿易については GATS の第２条に、また貿易における知的財産に関しては TRIPS 協定の第４条においてそれぞれ規定されている[17]。

　もうひとつの無差別原則は、「いったん国境を越えて国内市場に入ってきた外国製品は国産品と同様に扱われなければならない」という原則で、**内国民待遇**の原則と言われる。例えば、日本で販売されている国産品に10％の消費税を課す一方で、（一旦関税を課されたうえで）日本国内で販売されている外国製品に対してのみ10％を超える高い消費税を課すようなことは認められない、ということである。内国民待遇原則は、GATT の協定第３条に、GATS では第17条に、TRIPS 協定では第３条に、それぞれ規定されている。なお、国内市場での取引において国産品と外国製品を差別的に扱うことは禁じられているが、外国製品が国境を超えて入ってくる（すなわち輸入される）際にこれに対して国産品には課されない関税を課すことは認められている。

---

16) これによってこの国は、すべての WTO 加盟国からの乗用車輸入に対して、元々日本に対して適用していた最も低い（優遇的な）３％という関税率を適用することになるため、「最恵国待遇」（すべての加盟国に最も優遇的な条件を等しく適用する）と称される。

17) なお、MFN 原則にはいくつかの例外が認められている。ひとつは、貿易の大半について関税を撤廃する（ゼロにする）ことを前提として特定の国との間に自由貿易協定を締結する場合であり（本章第5.5節にて後述）、もうひとつは特定の途上国からの輸入に対して関税を引き下げる一般特恵関税（GSP）の場合である。さらに、特定の相手国からダンピングあるいは WTO ルールに抵触する補助金を伴った輸出がなされた場合、これに対抗する措置として課徴金を課す場合（本章第5.3.2項にて後述）は、MFN 原則にかかわらず当該相手国だけを措置の対象とすることになる。

第 5 章　国際貿易の制度とルール　071

5.3.2　WTO のルールにおけるその他のポイント

　上記の 2 つの無差別原則に加え、WTO の貿易ルールにおける重要な点をいくつか挙げておきたい。

　WTO は、貿易政策の透明性や予見可能性を重視している。貿易交渉を通じて各国が合意した関税（の上限値）については、それを文書化することにより加盟国間で共有しつつ拘束力を持たせるようにしているのもその現れであるといえる。また、輸入における数量制限の原則禁止（GATT 第11条）も、この透明性および予見可能性に関連していると考えられる。WTO では、外国からの輸入品について関税を課すことは認められているが、貿易の数量を直接的に制限することは原則的に認められていない[18]。WTO 発足に伴い、それまで適用されていた輸入に対する数量制限はすべて関税の形に置き換えられねばならなくなった（関税化という）[19]。WTO のルールが貿易の数量制限を原則として禁じているのは、数量制限が関税による輸入制限の場合に比べて市場メカニズムに基づいた貿易を歪める効果（貿易歪曲効果という）が大きい[20]と考えているからだと考えられる。また、数量制限のほうが政治的な恣意性や不透明性を伴う可能性が高いことに対する懸念もあろう。

　また、WTO は貿易における「公正な」競争の促進も重視しており[21]、競争上「不公正」と見做される一定の貿易慣行については加盟国に対抗措置をとることを認めている。そのひとつは、ある国が輸出においてダンピングを行った

---

18) WTO 発足以前あるいは発足直後には、農産物や繊維品について例外的に数量制限を課すことが認められていたこともあったが、現在ではそうした例外は基本的に適用されなくなっている。

19) 日本も、WTO 発足に伴いそれまでコメの輸入に課していた数量制限を関税化した。

20) 例えば、輸入国の市場で需要が拡大した場合、外国製品の価格やそれに対する関税率が同じであっても、輸入量は増える。また、外国の輸出業者がコスト削減努力によって製品の値下げを実現した場合、関税率を加えた価格もそれに応じて下がるので、やはり輸入は増えるであろう。しかし輸入数量が一定に制限されている状況では、このような場合でも輸入量は増えず、市場メカニズムへの制約がより大きくなる。

21) なお、「公正な」競争とは何か、何が「公正」なのかは、立場や状況によって異なるため、「公正」を定義することは極めて困難である。WTO も「公正な」貿易とは何なのかについては明言していない。

072　第 I 部　国際貿易

場合にその相手国すなわち輸入国がとる対抗措置（反ダンピング措置）である。ダンピングは不当廉売と訳されるが、貿易においては輸出国がある製品を国内での販売価格より低い価格で外国に輸出することを意味する。反ダンピング措置は通常、輸出国によるダンピング効果を相殺する水準まで輸入国が関税を引き上げるという形をとる。もうひとつは、ある国が補助金を通じて自国の輸出促進をはかった場合にその相手となる輸入国がとる対抗措置（相殺関税）である。なお、加盟国が反ダンピング措置や相殺関税措置をとるためには、WTOが定めたルールに沿って様々な条件や手続きをクリアする必要がある[22]。

さらに、WTOは貿易および貿易の自由化に関して開発途上国への配慮も重視しており、例えばWTOを通じて合意された貿易自由化のためのルールの適用や履行において途上国には猶予期間を設けたりより柔軟な条件を適用したりしている。

5.3.3　WTOの紛争解決手続

WTOでは、ある加盟国がとった貿易政策や措置について、他の加盟国がWTOルールの遵守やルールとの整合性の観点から異論や不服がある場合（つまり当該国がWTOルールに違反した政策や措置をとったと考える場合）、WTOを通じてそうした紛争を解決するための手続き、すなわち**紛争解決手続**（Dispute Settlement Procedures：DSP）を定めている。WTO発足以前のGATTの時代にも類似の紛争解決手続は存在したものの、手続きの各段階に決められた期限がなかったことや、決定事項の「承認」に全会一致を要したこと[23]等から、必ずしも実効性のある手続きとは言えなかった。これに対し、WTOのDSPでは、手続きの各段階に期限が設定され、また決定事項の「否認」に全

---

22) なお、「公正な」競争とはやや観点が異なるが、反ダンピング措置や補助金への相殺関税と並ぶもうひとつの臨時的措置（貿易救済措置）として、セーフガード（緊急輸入制限措置）がある。セーフガードとは、輸入の急増により競合する国内産業に重大な損害が及ぶ恐れが生じた場合に、一定のルールと手続きの下で当該輸入品への関税を一時的に引き上げることを認める制度である。

23) つまり、ひとつでも反対する国があれば決定事項は承認されない。これをポジティブ・コンセンサス方式と呼ぶ。

会一致を要するやり方[24]を採用することにより、手続きの迅速性と実効性を担保しようとしている。こうしたことから、WTO の DSP は、WTO 設立を決めた GATT ウルグアイ・ラウンドの交渉および合意における最大の功績のひとつに数えられることが多い。

　WTO の DSP は次のように進められる。ある加盟国が WTO に紛争事案を申し立てると、まずは当事国どうし（申立国と被申立国）で協議が行われる[25]。この当事者間協議が不調に終わった場合、申立国は WTO の全加盟国によって構成される**紛争解決機関**（Dispute Settlement Body：**DSB**）に対して**パネル**（小委員会）と呼ばれる専門家による委員会の設置を要請する。DSB によってパネルが設置・任命されると、パネルは当事国からの書面やヒアリングを基に事案の審理を行う。パネルの審理結果が両当事国と DSB に報告され、もしいずれの当事国からも"上訴"がなければ、パネルの結論が DSB の決定および勧告となる。しかし、申立国または被申立国のどちらかがパネルの結論に異を唱えて"上訴"した場合、事案は常設の**上級委員会**により審理され[26]、その結論（パネルの結論を維持するか、一部変更するか、または覆すか）は DSB の採択を経て最終的な決定となる。**表5.3**は、この DSP の流れと各手順の期限の目安を示したものである。

　では、パネルあるいは上級委員会の決定が下された後はどうなるのか？　まず、被申立国への是正勧告が含まれている場合（すなわち事案のきっかけとなった被申立国による政策や措置を改めるよう勧告されている場合）、被申立国は勧告に従って是正措置をとらねばならない。是正措置がとられない場合は、非申立国の措置不履行に対する申立国への補償について両当事国が交渉することになる。もし不履行に対する補償についての合意も成立しなかった場合は、申立国が被申立国に対抗措置をとることを DSB は認めている[27]。

---

24) つまり、すべての加盟国が反対しない限り決定事項は承認・採用されることになる。これをネガティブ・コンセンサス方式と呼ぶ。

25) なお当事者間協議は、DSP の次の段階に進んだ後であっても、いつでも可能である。

26) 上級委員会には 7 名の委員がおり、各事案の審理はそのうちの 3 名によって行われる。なお上級員会による審理はルールに関する法解釈的側面からのものに限られ、事実関係に関する再審理はできないことになっている。

表 5.3　WTO 紛争解決手続（DSP）の手順と期限の目安

手順・手続き	期限の目安
当事国間の協議	60 日
申立国の要請によるパネル設置	45 日
パネルによる審理、最終報告書の当事国への提示	6 ヵ月
パネル最終報告書の全加盟国への回付	3 週間
当事国の上訴期間（上訴がない場合は DSB によるパネル報告書の採択）	60 日
（上訴がない場合：合計約 1 年）	
上級委員会による審理	60 〜 90 日
DSB による上級委員会報告の採択	30 日
（上訴を伴う場合：合計約 1 年 3 か月）	

（出典）WTO（2015）, p. 57

　このように、WTO の DSP は、加盟国間の貿易に関する紛争解決の場として WTO を機能・活用させることによって、貿易紛争を当事国の一方的な制裁や報復措置によって解決する（または悪化させる）ことを防ごうとしているのである。

5.4　ドーハ開発アジェンダ

　さて、前述のとおり WTO 設立前の GATT 体制の下では47年間で計 8 つのラウンドでの交渉と合意を通じて世界の国々は貿易自由化とルール作りを進めてきた。では、WTO 発足後には世界における貿易ルールの策定・見直しはどのように進められているのだろうか？　実は、WTO がスタートしてからは世界の国々は新たな合意に達することができずに今日に至っている。

　2001年の11月に WTO 加盟各国は新たな貿易交渉を開始することに合意し、WTO の下での最初の貿易交渉ラウンドが立ち上がった。この時の会合（WTO 閣僚会議）が開かれたカタールのドーハの地名をとりこの新ラウンドは

27）申立国による対抗措置は原則として紛争の対象となった分野（貿易品目）に関してとられることになっているが、それが現実的あるいは実効的でない場合は、別の分野・品目において対抗措置をとることも認められている。

ドーハ・ラウンドと名付けられたが、この新ラウンドでは8つの項目を交渉対象に掲げており[28]、この交渉項目の総称である**ドーハ開発アジェンダ**というのがラウンド自体の正式名称のようにもなっている。しかしながらその後の交渉は難航し、合意に至ることができないまま2015年に加盟各国は、交渉は継続すべきもののそれには現在のやり方（後述）とは異なる「新たなアプローチ」が必要であるとの見解を示し、事実上アジェンダの一括合意については断念されている状況にある。

　ドーハ開発アジェンダ（ドーハ・ラウンド）の交渉が難航している背景には様々な理由が考えられるが、そのひとつにWTOの貿易交渉における一括受託方式という合意ルールの適用が挙げられる。一括受託方式とは、すべての交渉参加国（即ち加盟国）があらゆる交渉項目に関する共通の内容（合意文書）のすべてに合意する（受託する）ことを要求するものである。WTO加盟国の数は非常に多く、したがってそれぞれに経済的社会的事情の異なる国々が交渉に参加している状況で、交渉の項目や内容も複雑で多岐にわたるドーハ開発アジェンダについて一括受託方式で合意に達するには相当な困難が伴うものと思われる。また、皮肉にもWTO発足前のGATT体制下で関税引き下げを中心に貿易自由化が相当に進んだ結果、特にモノ貿易の自由化については妥結が困難な課題ばかりが残されているという側面もあるかもしれない。**図5.2**はWTOが発足した1995年以降（2017年まで）の先進国および新興国・途上国の平均関税率を示したものであるが、この図が示すとおり特に先進国ではWTO発足時点で既に関税率は相当低くなっており、さらなる引き下げには農業など各国において政治的にも困難な部門ばかりが残されていると言える状況にある。こうした更なる貿易障壁の引き下げの余地の小ささが交渉相手（主に新興国や開発途上国）の妥協を引き出すことを困難にしている面もあるものと思われる。

　なお、ドーハ開発アジェンダは明示的な成果も生んでいる。アジェンダ8項目のうち貿易円滑化については他の項目とは切り離して交渉が進められた結

28）農業、非農産品に関する市場アクセス（関税や非関税障壁）、サービス、ルール（前述のダンピングや補助金に対する対抗措置ほか）、貿易円滑化、開発（途上国への配慮）、知的財産、環境の8項目。

076 　第Ⅰ部　国際貿易

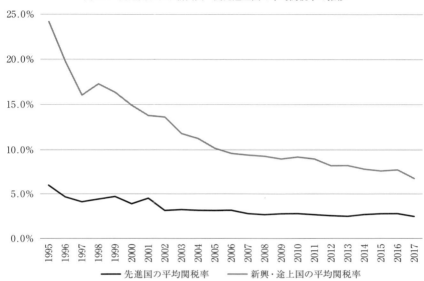

図 5.2　先進国および新興国・開発途上国の平均関税率の推移

（出典）経済産業省（2019）『令和元年版通商白書』、第Ⅱ-1-1-1-2図

果[29]、2013年に全交渉参加国の間で合意（協定）が成立した。この**貿易円滑化協定**（Agreement on Trade Facilitation）は各国の輸出入手続きの簡素化・近代化・調和によりその円滑化や迅速化を目指すもので、WTO 全加盟国中 3 分の 2 の国々が批准したことにより2017年 2 月に発効した。

5.5　地域貿易協定

　貿易政策に関する国と国との間の取り決めのことを貿易協定と言う。このうち、ここまで述べてきた GATT、GATS や TRIPS 協定などの WTO における諸協定のように世界中の多くの国が参加する協定のことを**多国間貿易協定**と呼ぶ。多国間貿易協定は言わば貿易に関する世界共通のルール作りを目的とするものと言えよう。これに対して、特定の 2 か国や限られた数か国のみの間で結

29）言わば一括受託方式に対する例外が既に適用されているということである。

図 5.3 世界全体の発効済み地域貿易協定（RTA）累計件数の推移（1960〜2023年）

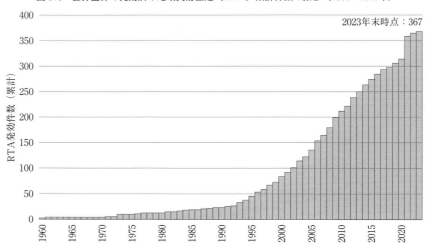

データ元：WTO Regional Trade Agreements Database（https://rtais.wto.org/UI/PublicMaintainRTAHome.aspx、2024年7月11日アクセス）

ばれる貿易協定もあり、これらを**地域貿易協定**（Regional Trade Agreement：**RTA**）という。日本で言えばタイとの間の（日・タイ）貿易協定やTPP11[30]などがその例である。WTOによると[31]、2024年7月11日時点で発効済みのRTAは世界全体で369件にのぼる。**図5.3**には1960年から2023年末時点までの世界の発効済みRTAの累計件数の推移を示しているが、近年は特にRTAの件数増加が著しいことが分かる。

RTAには大きく2つのタイプのものがあり、一方が**自由貿易協定**（Free

---

30) 環太平洋パートナーシップに関する包括的及び先進的な協定（Comprehensive and Progressive Agreement for Trans-Pacific Partnership：CPTPP）のこと。2016年にオーストラリア、ブルネイ、カナダ、チリ、日本、マレーシア、メキシコ、ニュージーランド、ペルー、シンガポール、アメリカ、ベトナムの12か国で締結された環太平洋パートナーシップ（Trans-Pacific Partnership：TPP）協定から後にアメリカが離脱したため、その他11か国間の協定として締結したもの。

31) WTO地域貿易協定データベース（RTA Database：https://rtais.wto.org/UI/PublicMaintainRTAHome.aspx　2024年7月11日アクセス）

Trade Agreement：FTA）[32]、もう一方が**関税同盟**（Customs Union：**CU**）である。FTAとCUはいずれも、互いの輸入品に対する関税その他の障壁を原則的に撤廃する（ゼロにする）ことで協定の締約国（加盟国）の間の貿易を自由化する取り決めであるという点では同様であるが、第三国すなわち非締約国（非加盟国）に対する関税や貿易政策をどうするかという点に違いがある。FTAの場合、各加盟国は非加盟国に対する輸入関税や貿易政策についてはそれぞれ独自に決定・適用する。これに対してCUでは、非加盟国に対する関税や貿易政策についても共通のものをすべての加盟国で決定・適用する。例えば、日本からの輸入乗用車に10％の関税をかけているX国と同じく5％の関税をかけているY国という2つの国が貿易協定を締結したとしよう。2国間の協定がFTAの場合、X国とY国はFTA発効後も日本車に対する輸入関税はそれぞれ別々の率でかけられるが（すなわちX国は10％、Y国は5％）、2国間の協定がCUの場合、協定発効後はX・Yの両国は日本車に対する輸入関税率を共通（例えばともに5％）にする必要があるわけである。なお、世界で締結されているRTAの大半はFTAであり、CUの件数はわずかである[33]。

　経済学では、RTAには貿易創出効果と貿易転換効果の2つの効果があると論じている。貿易創出効果とは、RTAによって加盟国間に新たなモノやサービスの貿易が生まれたり貿易量がそれまでと比べて増加したりする効果をいう。他方、貿易転換効果とは、RTAによってそれまで非加盟国との間で行われていた貿易が加盟国との貿易に置き換わる効果のことをいう。一般に、RTAの貿易創出効果は加盟各国の貿易の利益の拡大につながるが、貿易転換効果は貿易の利益の縮小につながる場合があることが指摘されている[34]。

　RTAは、厳密にはWTOの無差別原則（前述のMFN原則）に反するもので

32）なおFTAはFree Trade Area（自由貿易地域、自由貿易圏）の略とされることもあるが、いずれにしてもFTAが指すものは基本的に同じである。

33）CUの代表例と言えるのが欧州連合（EU）である。EU加盟27か国は加盟国どうし（域内）の貿易は国内での取引と同様無関税の自由貿易としており、また非加盟国（域外）との貿易についてはEU全体ですべての貿易政策を共通して決定・適用している。なおWTOにおいてはEUは地域全体を代表して1加盟地域となると同時に27か国がそれぞれ独立して加盟国にもなっている。

第5章　国際貿易の制度とルール　**079**

ある。なぜなら、特定の WTO 加盟国の間で RTA が結ばれると、RTA を結んだ国どうしでのみ貿易障壁の引き下げや撤廃などそれ以外の WTO 加盟国には適用されない優遇的な貿易措置がとられることになるからである。しかしながら WTO は一定の条件[35]の下で加盟国による RTA 締結を認めている。

　なお、近年の RTA には、単なるモノやサービスの貿易自由化にとどまらずより包括的な経済連携や経済統合を目指す協定が多い。こうした協定は、「深い」（deep）貿易協定、あるいは「深い統合」（deep integration）協定などと称されるが[36]、そこではモノやサービスの貿易自由化や知的財産の保護に関して現行の WTO ルールよりも踏み込んだ内容や規定が設けられたり、移民や直接投資といったヒトや資本の越境移動あるいは労働政策や人権といった WTO ルールが対象としていない分野や内容に関する規定が設けられたりしており、WTO よりも進んだルール作りが試みられている。国際取引や経済グローバル化の様態の多様化が進む一方、前述のように WTO の下での多国間交渉が頓挫している今日、貿易に関する国際ルール作りにおける RTA の意義は高まっていると言えるのかもしれない[37]。

---

34) なお本書では RTA の貿易創出効果と貿易転換効果についての更なる議論は割愛する。学部中級程度の国際貿易のテキストを参照いただきたい。

35) 実質的にすべての RTA 締結国間の貿易について妥当な期間内に貿易障壁を撤廃すること、また RTA 締結後に RTA 非締約国に対する貿易障壁を引き上げないこと、を条件としている（GATT 第24条、GATS 第 9 条）。なお、開発途上国どうしでは、これより緩やかな条件での RTA 締結も可能とされている。

36) 日本政府ではこうした協定を指す語として経済連携協定（Economic Partnership Agreement：EPA）という名称を用いている。なお、先に例に挙げた日・タイ間の協定や TPP11 も EPA である。

37) ただし、各国が RTA を通じて限られた国々との間でのみ自由化やルール作りを進めることはかえって WTO 体制のような世界的な貿易自由化や共通ルール作りの妨げになるという議論や懸念があることも合わせて指摘しておきたい。

080 ｜ 第 I 部　国際貿易

第6章

国際的な労働や資本の移動

　ここまでの章では主として、貿易すなわちモノ（やサービス）の国境を越えた取引を対象としてきた。また、第2章や第3章で取り上げた貿易の経済学理論やモデルでは一般に、国境を越えて取引されるのは生産されたモノすなわち産出物（アウトプット）のみでありその生産に用いられた投入要素（インプット）については国境を越えて移動することはない状態を考えている。しかしながら現実の国際経済においては、生産のための投入要素（生産要素）も産出物としてのモノ（やサービス）と同様に国と国との間を移動することがある。本章では、こうした生産要素の国境を越えた移動（**国際要素移動**という）について、経済学において主要な2つの生産要素として考えられている資本およびヒトの労働力すなわち労働に焦点を当てて、取り上げることとしたい。

6.1　国境を越えた資本や労働の移動：イントロダクション

　国境を越えた資本の移動のことを**国際投資**という。後に説明するように、国際投資は大きく2つの種類に分けられるが、生産要素としての資本の移動、すなわち海外での事業活動を目的として企業が行う投資を特に、**直接投資（海外直接投資：FDI**[1]**）**と言う[2]。また、国境を越えたヒトの移動のことを**移民**とい

1）海外直接投資を意味する英語である foreign direct investment から各語の頭文字をとった略称。
2）国際投資の類型と直接投資については、本章第6.3.2項で後述する。

第6章　国際的な労働や資本の移動　**081**

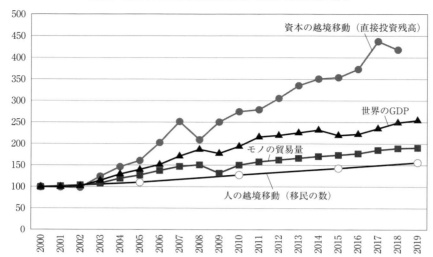

図 6.1　2000年代の国境を越えた貿易、投資、人の移動の伸び

（資料）UNCTAD, UN, WTO, IMF　※2000年の各数値を100とした場合。
（出典）経済産業省（2020）『令和2年版通商白書』、第Ⅱ-3-0-1図

う[3]。移民には国際結婚など家族生活を理由としたものや留学など勉学を理由としたもの、亡命など政治的理由によるものなどもあるが、今日では外国での就労を目的とした移動すなわち労働者としてのヒトの移動が移民の主たる部分を占めるといえよう[4]。

　経済のグローバル化の進展に伴い、資本や労働の国際移動すなわち直接投資や移民も増加している。**図 6.1**には2000年以降の約20年間における世界全体でのGDP、モノの貿易量、直接投資額（残高）[5]、移民の数の変化が2000年のそれぞれの値を100として表されているが、これを見ると、GDPやモノ貿易の規模が拡大するのと同様に直接投資も移民も年々増加していることが分かる。ヒトの越境移動には言語や文化や生活習慣の違いあるいは出入国管理に関する法

---

3 ）移民とはまた、国境を越えて移動してきたヒトのことを指す語でもある。
4 ）国連の関連機関である国際移住機関（IOM）による2022年版の世界移住報告書（*World Migration Report 2022*）によれば、2019年時点の世界の移民人口（ストック）2億7200万人の約62％（1億6900万人）が移民労働者（migrant workers）であった（McAuliffe and Triandafyllidou (eds.), 2021）。

制度など、モノや資本の移動に比べて高い障壁が存在することには留意する必要があるが、それでも移民はこの図に示された20年間に約1.5倍に増加している。今日では生産要素としての資本やヒト（労働者）の越境移動は、生産物であるモノやサービスの越境取引（つまり貿易）と同様に（場合によってはそれ以上に）盛んに行われていると言えよう。

6.2　労働の国際移動：労働移民

ではここから、国境を越えた労働移動と資本移動のそれぞれについて、経済学ではどうとらえられるのか・どう考えられるのかを、順に見ていくこととしたい。はじめに労働（者）の越境移動すなわち労働移民から取り上げることとしよう。

6.2.1　世界の移民の動き

まず、世界における移民の動きについて、統計データから見てみよう。**表6.1**は、どのような地域や国々からどのような地域・国々に向けて移民が生じているかを、2020年の年央（mid-year）時点における移民数（ストック）[6]で見たものである。表の各列に移民の出身地域（どこから）、各行に移住先の地域（どこへ）が、それぞれ示されている。ここからはまず、移民の多くが同一地域内での移動（域内移動）として生じていることが読み取れるが、これは言語や文化、生活習慣や制度などの近さ（移民に対する障壁の相対的な低さ）によるものであろう。他方、ある地域から別の地域への移動（域外への移動）について見た場合、移民の動きの大きな傾向は、開発途上国から先進国に、または開

5）なお、直接投資にはフローと残高（ストック）の2つのとらえ方（概念）がある。大まかに言うと、フローとはある期間（例えば2000年の1年間）に新たに行われた直接投資の額、残高（ストック）とはある時点（例えば2000年末すなわち2000年12月31日時点）におけるそれまでの直接投資の累計額のことである。

6）移民のストックとは、前述（脚注5）の直接投資の残高（ストック）とよく似た概念である。すなわち、ある時点（ここでは2020年の年央）においてある国・地域に居住している外国からの移民（外国生まれの者）の総数のことである。

第6章　国際的な労働や資本の移動　**083**

表 6.1 世界の移民の動き（ストック・ベース、2020年央時点）

(a) 地域別（単位：千人）

移民の移住先（どこへ）＼移民の出身地（どこから）	欧州、アメリカ、カナダ	中南米およびカリブ地域	サブサハラ・アフリカ	北アフリカおよび西アジア	中央アジアおよび南アジア	東アジアおよび東南アジア	オセアニア（大洋州）	世界全体
欧州、アメリカ、カナダ	53,305	30,932	7,597	16,297	17,224	13,928	741	145,415
中南米およびカリブ地域	2,649	11,297	40	80	30	301	6	14,795
サブサハラ・アフリカ	527	31	17,809	1,239	129	51	13	22,222
北アフリカおよび西アジア	2,773	68	2,264	19,145	19,094	4,377	12	49,768
中央アジアおよび南アジア	4,591	15	56	331	11,454	1,931	5	19,428
東アジアおよび東南アジア	519	333	15	29	2,052	15,368	85	19,591
オセアニア（大洋州）	3,238	215	505	442	1,247	2,444	1,108	9,381
世界全体	67,602	42,890	28,285	37,564	51,230	38,401	1,970	280,598

(b) 先進国・途上国別（単位：千人）

移民の移住先（どこへ）＼移民の出身地（どこから）	先進国	開発途上国（LDCを除く）	後発開発途上国（LDC）
先進国	58,448	84,781	8,195
開発途上国（LDCを除く）	11,167	62,366	28,289
後発開発途上国（LDC）	201	3,374	11,121

(出典) 国際連合経済社会局（United Nations Department of Economic and Social Affairs）「国際移民ストック2020」（International Migrant Stock 2020）

発途上国からより発展度合いの高い途上国や新興国に、という流れで生じていると言えるであろう。

以下では、労働移民すなわち国際労働移動を説明する比較的シンプルな経済学モデルを紹介するが、そのモデルによって果たして上記のような世界における移民の動きや傾向を説明できるか、考察してみよう。

6.2.2 労働市場のモデル

さて、これから説明する国際労働移動のモデルを理解する準備として、ここで労働市場のモデルについて簡単に説明しておくこととしよう[7]。経済学においては、モノの市場取引と同様に、ヒトの労働力すなわち労働についても市場（労働市場）における需要（労働需要）と供給（労働供給）のバランス（均衡）によって労働の価格すなわち賃金と労働の取引量すなわち雇用量が決まる、と考える[8]。**図 6.2(a)** のグラフは一般的な労働市場を描いている。労働需要は右下がりの曲線[9]によって示されているが、大まかにはモノ市場における需要の法則と同様、賃金が下がれば労働の需要者である生産者（企業）はより多くの労働力を、あるいはより多くの企業が労働力を需要するようになるから、と考えれば良いだろう。やや詳しく説明すると、競争的な労働市場では賃金は労働の**限界価値生産**（企業が 1 単位の追加的な労働力の投入によって生み出すことのできる価値）と一致するが、一般に労働の限界価値生産は投入する労働量の増加に伴って小さくなっていくため（**限界生産の逓減**）[10]、賃金と労働需要量はこのグラフに示されたように負の関係にある。他方、労働供給は一般的には右上がりの曲線によって示されるが、その理由についてはここでは賃金が上がればより

7）読者の中には労働市場のモデルについてミクロ経済学の授業等で学修済みの方もいるかもしれないが、念のためここで簡単に復習しておくこととしたい。

8）ここでは労働市場が競争的な場合、すなわち無数の労働需要者すなわち生産者（企業）と無数の労働供給者すなわち労働力を提供するヒト（家計）が労働市場に存在する場合を考える。

9）なお、本章で以後に掲載する図では、グラフを分かりやすくするためにすべての曲線を直線として描いている。ただし、文中に「曲線」と表現されているもの（関数）は曲線で示されるのが一般的である。

第 6 章　国際的な労働や資本の移動　**085**

多くの人が働いてもよい（またそれぞれの人がより長時間働いてもよい）と考えるから、と大まかに理解しておけばよいだろう[11]。こうして、労働市場において労働の需要量と供給量を一致させるように賃金が定まり、同時に雇用量が定まる（労働市場の均衡）、というのが（競争的）労働市場の一般的なモデルである。

　これに対して、**図6.2(b)** のグラフは、完全雇用の場合の労働市場を表したグラフである。ここで労働力の数量を労働者の人数で数えるとすると[12]、**完全雇用**とはその経済において働きたいと考えている者がすべて雇用されている状態を言う。貿易の経済学における完全雇用とは一般に、その国に存在する労働者（就労可能な人口）がすべて雇用されている状態を指す。完全雇用の状態では、その国に住むすべての労働者が賃金にかかわらず労働力を提供しているので、このグラフが示すように労働供給曲線はその国に住む労働者数を示す位置で垂直になる。この場合も労働市場における賃金と雇用量は先ほどの場合（図6.2(a)のケース）と同様に労働需要曲線と労働供給曲線の交点で決まるが、雇用量は常にその国の総労働者数と一致する[13]。なお、以下で説明する国際労働移動のモデルでは、この完全雇用の状態を考える。

---

10) 追加的に投入された1単位の労働力が生み出すモノ（アウトプット）の量を、労働の限界生産（または限界生産力）と言い、これは一般に投入する労働量が増えるにつれて減少する（限界生産力逓減の法則）。労働の限界価値生産とは、この限界生産をモノの数量のかわりに価値で測ったものであり、限界生産にそのモノの価格を掛けたものに等しい。したがって、労働の限界価値生産にも一般に限界生産力逓減の法則が当てはまる。

11) 厳密には、個人（個々の家計）の労働供給は、その個人の労働と余暇の選択について考えたうえで導かれる。ここでは詳細は割愛するが、個人の労働供給は単純な右上がりの関係（賃金が上がればより多く働こうとする）になるとは限らない。しかしながら無数の個人（家計）からなる市場全体の労働供給曲線は一般的には右上がりになると理解されている。

12) なお、第2章の脚注7でも述べたとおり、労働の数量は通常、時間数（労働時間数）により計られるが、ここでの説明は労働の数量を時間数で計った場合でも同様に当てはまる。

13) したがって、完全雇用の場合は、企業の労働需要（およびそれに影響を与える要因）が賃金を左右することとなる。

図 6.2　労働市場のモデル

6.2(a)　一般的な労働市場

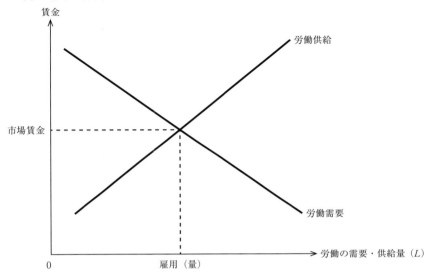

6.2(b)　完全雇用の場合

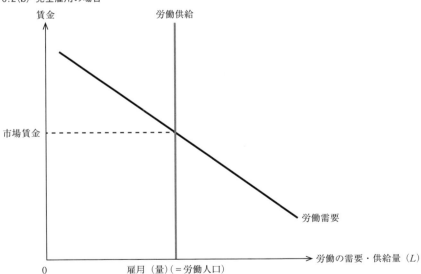

6.2.3 国際労働移動のモデル

　ではここから、前項（第6.2.2項）で説明した労働市場のモデルに基づく、労働（者）の国境を越えた移動すなわち国際労働移動を説明する経済学モデルの説明に入ろう。このモデルでは以下のように単純化された経済状況を考える。まず、労働力（労働者）の移動は特定の2国間（以下、A国とB国と呼ぶ）でのみ生じるものとする。また、A・Bそれぞれの国に存在する労働力（居住する労働者）は各国内で全員が雇用され失業者や不就労者は存在しないものとする（すなわち完全雇用の状態）。さらに、A・B両国に居住するすべての労働者は同質であり能力や技能面での差は各国内にも2国間にも存在しないものとする。加えて、A・Bの2国間では労働者の移動は自由すなわち一切の障壁や費用を伴うことなく国境を越えて移動可能であるものとする[14]。ただし、労働者以外の生産要素（例えば資本）が国境を越えて移動することはなくそれぞれの国内でのみ生産に用いられているものとする。このように単純化された経済において国境を越えた労働移動がどのような形で生じるか、モデルを用いて見ていこう。

　図6.3は、このモデルをグラフで示したものである。前掲図6.2の労働市場のグラフと同じく、横軸には各国に居住する労働者数 L を、縦軸には各国の賃金 w がとられているが、ここでは左右両側に原点と縦軸を持つようにグラフが描かれており、これは2つのうち一方の国の労働市場のグラフを左右反転させてもう一方の国のグラフとつなげるようにして描かれているからである。ここではA国の労働市場のグラフにB国の労働市場のグラフを左右反転させたものを右側からつなげるようにして描かれており、したがって左側の原点 O^A を基準にA国内に居住する労働者数 L^A が右に向かって大きくなるように示されておりその賃金 w^A は左側の縦軸で示されていると同時に、右側の原点 O^B を基準にB国内に居住する労働者数 L^B が左に向かって大きくなるように示されておりその賃金 w^B は右側の縦軸に示されている。また、図の左側から右下がりに描かれている曲線はA国における労働需要 L_D^A を、反対に右側か

14）なお現実の労働者やヒトの越境移動には、前述のとおり、言語や文化・習慣や出入国管理制度などの障壁が存在する。

088　**第Ⅰ部　国際貿易**

ら左下がりに描かれている曲線はB国における労働需要$L_D{}^B$を、それぞれ示している。

　まず、図6.3(a)から見ていこう。これはA・B2国間で労働移動が起きる前の状態を表している。図中に垂直に描かれた線L_{s0}は労働移動発生前のA国およびB国における労働供給を示しており、左側の原点O^Aからの位置（距離）でA国在住の労働者数を、右側の原点O^Bからの位置（距離）でB国在住の労働者数を、それぞれ同時に表している[15]。ここでは、労働移動が生じる前のA国は相対的に労働人口が多く、B国は相対的に労働人口が少ない状態が描かれている。労働移動発生前の各国の賃金は、この労働供給曲線L_{s0}と各国の労働需要曲線の交点で決まる。すなわち、A国における賃金$w^A{}_0$はA国の労働需要曲線$L_D{}^A$との交点で、B国の賃金$w^B{}_0$はB国の労働需要曲線$L_D{}^B$との交点で、それぞれ定まることになる。グラフに示されているとおり、労働移動が生じる前はB国の賃金のほうがA国のそれよりも高い状態にある（$w^A{}_0 < w^B{}_0$）。

　この状態からA・B2国間での自由な労働移動が可能になると、賃金の低いA国から賃金の高いB国への労働移動が生じる。労働者の移動が一斉にではなく徐々に起こるとイメージすれば、A国の労働者数L^AはB国への流出により徐々に小さくなる一方、B国の労働者数L^BはA国からの流入により徐々に大きくなるので、図中の労働供給曲線L_sは徐々に左にシフトしていくことになる。これに伴いA国の賃金w^Aは徐々に上昇し（労働需要曲線$L_D{}^A$との交点が左上にシフトしていく）、他方B国の賃金w^Bは徐々に下落する（労働需要曲線$L_D{}^B$との交点が左下にシフトしていく）ので、両国の賃金差は徐々に小さくなっていくが、それでもw^Bがw^Aよりも高い限りA国からB国への労働移動は続き労働供給曲線L_sの左シフトも続く。そして、両国の賃金が等しくなったところで、この労働移動は止まる。この労働移動後の状態を示したのが図6.3(b)である。ΔLはA国からB国に移動した労働者の数（移民人口）を示しており、A国ではその分国内の労働者数が減少し（$L^A{}_1 = L^A{}_0 - \Delta L$）、他方B国

15）なお、このモデルでは完全雇用の状態を考えているため、各国の労働供給曲線は前掲の図6.2(b)と同じく垂直となっている。

図6.3 国際労働移動のモデル

6.3(a) 労働移動前

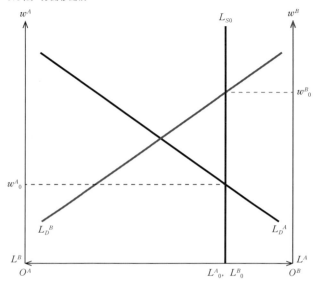

6.3(b) 労働移動後

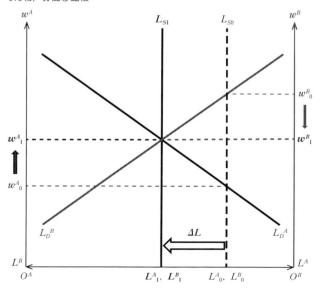

では国内の労働者が増加する（$L^B{}_1 = L^B{}_0 + \Delta L$）。また、A国では労働者の減少により賃金が上昇し（$w^A{}_0 < w^A{}_1$）、他方B国では労働者の増加により賃金が下落するが（$w^B{}_0 > w^B{}_1$）、労働移動後の両国の賃金は同水準となる（$w^A{}_1 = w^B{}_1$）。

なお、図6.3では、A国とB国の労働市場が対照的すなわち両国の労働需要が同じであるような状態を考察してきた。この場合、労働移動発生前のA国とB国との賃金差は両国の当初の労働人口の差によって生じていた。すなわち、労働者が希少なB国では労働者が豊富なA国に比べ賃金が高い状態にあり、その結果労働移動は元の労働人口が多いA国から少ないB国へという形で発生することになった。ただし、労働移動のきっかけとなる賃金差は元の（労働移動発生前の）労働人口のみにより左右されるわけではない。**図6.4**では、B国における労働需要がA国のそれよりも高い場合を描いているが、労働以外の生産要素（例えば資本）の豊富さや生産技術の高さによりB国のほうが労働の限界価値生産が高い場合がこれに当たる。この場合、図6.3(a)が示すように元の労働人口がA・B両国で等しい場合でも元の賃金がB国のほうが高いため、やはりA国からB国への労働移動が生じることになるのである。

本節の始め（第6.2.1項）において、世界の移民の動きの大きな傾向が開発途上国から先進国、あるいは途上国からより発展度合いの高い新興国、という流れで観察されることを指摘した。本節で考察してきた国際労働移動の経済学モデルはシンプルなものではあるが、図6.3のケースでは労働移動は人口の比較的多い国から少ない国に向かって、また図6.4のケースでは資本などの（労働者以外の）生産要素が比較的乏しい国や生産技術が比較的低い国からそれらが比較的豊富あるいは高い国に向かって生じることを予測・説明しており、これらはいずれも途上国から先進国あるいは途上国から新興国へという現実における労働移民の大きな流れをうまくとらえていると言えるだろう[16]。

第6章　国際的な労働や資本の移動　**091**

図 6.4 国際労働移動のモデル（両国の労働需要が異なる場合）

6.4(a) 労働移動前

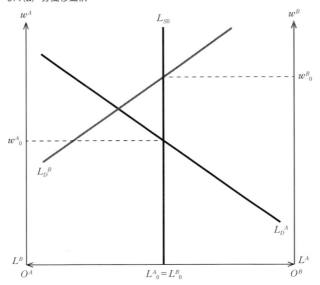

6.4(b) 労働移動後

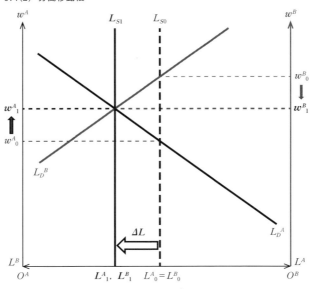

6.3 資本の国際移動：国際投資

6.3.1 国際資本移動のモデル

では次に、国境を越えた資本の移動すなわち国際投資について見ていこう。ただし本節では、統計データの前にまず国際資本移動（国際投資）に関する経済学モデルの説明から始めることとしたい。

ここで紹介する国際資本移動のシンプルな経済学モデルは、実は前項（第6.2.3項）で紹介した国際労働移動に関するモデルと対称的な、競争的な資本市場のモデルに基づくものであり、いわば前節のモデルにおける「労働」を「資本」に、その対価である「賃金」を**資本レンタル**に置き換えたものである[17]。すなわち、A 国・B 国という特定の 2 国間だけの資本の移動（または国際投資）を考え、それぞれの国に存在する資本は国内で完全に使用され（資本の完全雇用状態）、2 国間の資本移動は自由である（一切の障壁や費用が伴わない）が、資本以外の生産要素（例えば労働者）の国際移動はない、という状態（単純化された経済）を考察するモデルである。このモデルをグラフ化したものが**図 6.5**であるが、これは前節の図 6.3 および図 6.4 に対応している（図 6.5(a)のグラフが前節の図 6.3 に、図 6.5(b)が図 6.4 にそれぞれ対応）。ただし横軸には各国に存在する資本の量（K^A, K^B）が、縦軸には投下される資本 1 単位への対価（使用される資本 1 単位に対する賃貸料）である資本レンタル（r_A, r_B）がそれぞれ示されており[18]、グラフに描かれている曲線（直線）は A・B それぞれの国における資本需要（$K_D{}^A, K_D{}^B$）[19]と資本供給（資本移動発生前が K_{S0}、移動後

---

16) なお、ここでは詳細は割愛するが、労働移民による賃金の変化についても、移民の流入国では賃金の低下が、移民の流出国では賃金の上昇が、それぞれ（移民が生じなかった場合との比較において）観察されたとする研究も報告されており、本節で紹介した労働移動のモデルの予測と一致している。

17) 本章で紹介する順番とは反対に、実はこのモデルは元々は国際資本移動を説明するためのものとして提示されたが（MacDougall, 1960）、それを前節で紹介したように国際労働移動のモデルとして応用すると現実の労働移民の流れがよく説明できるため、労働移動の基礎的モデルとして用いられているのである。

18) 資本レンタルは、「投資に対する利益（リターン）」と考えればイメージしやすいかもしれない。ただし両者は厳密には同じではない。

第 6 章　国際的な労働や資本の移動　**093**

図6.5 国際資本移動（国際投資）のモデル

6.5(a) 両国の資本需要が対称的な場合

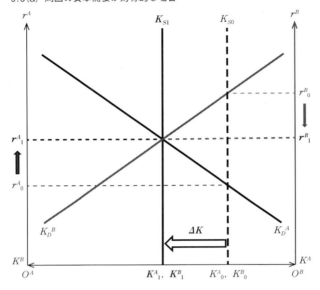

6.5(b) 両国の資本需要が異なる場合

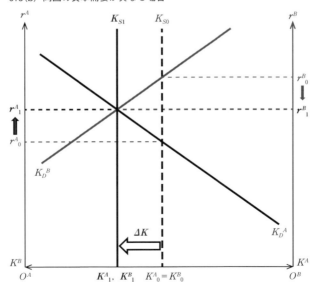

が K_{S1}）を表している。そして、これもまた前節の労働移動のモデルで考察したのと同様に、資本移動は当初の資本レンタルの低い A 国から B 国に向けて ΔK だけ生じ、その結果 A 国では国内にある資本の量が減少する（$K^A{}_1 = K^A{}_0 - \Delta K$）一方、B 国では国内の資本量が増加する（$K^B{}_1 = K^B{}_0 + \Delta K$）。また、A 国では資本流出に伴い資本レンタルが上昇する（$r^A{}_0 < r^A{}_1$）一方、B 国では資本流入に伴い資本レンタルが下落し（$r^B{}_0 > r^B{}_1$）、資本移動後の両国の資本レンタルは同水準となる（$r^A{}_1 = r^B{}_1$）。

　このように、本モデルによれば、国際的な資本移動は、資本が比較的豊富な国から比較的乏しい国に向けて（図6.5(a)のケース）、あるいは資本の生産性が比較的低い国から高い国に向けて（図6.5(b)のケース）生じることが予測・説明される。前者については先進国から途上国・新興国への資本移動を予測しているととらえられるだろうし、後者については逆に（常にそうとは言い切れないが）途上国から先進国や新興国への資本移動を予測しているととらえることもできる[20]。いずれにしても、経済状況が互いに異なっている（似通っていない）国どうしの間で資本移動が盛んになることを、このモデルは予測していると言えるだろう。

6.3.2　モデルは国際投資の現実をとらえられているか

　では、上述のモデルが現実の国際資本移動すなわち国際投資の動きをうまくとらえられているのかを確認するために、国際投資に関する統計データを見てみることとするが、その前にまず概念・用語の説明をしておきたい。国際投資は、直接投資と間接投資の 2 種類に大別される。直接投資（海外直接投資：FDI）とは、企業が海外での事業活動を目的として行う投資であり、外国に事業拠点や子会社を設けたり外国企業の買収（クロスボーダー M&A[21]）をしたり

19）第6.2.2項で説明した労働需要の場合と同様に、資本需要は資本の限界価値生産と一致し、限界生産の逓減により右下がり（B 国についてはグラフを右側から読むので左下がり）の曲線として示される。

20）資本をより有効あるいは効率的に活用するための技術的あるいは制度的な要素によって資本の生産性が左右されているとすれば、そうした要素は一般的には途上国よりも先進国においてより整っていると期待されよう。

第 6 章　国際的な労働や資本の移動　095

するのに伴う投資のことである。他方、**間接投資**（**証券投資**ともいう）とは、元本の値上がりや利子・配当などからの利益を目的とした投資（外国企業の株式や外国債券の購入など）のことである。このうち、本章のテーマである生産要素としての資本の越境移動に該当する（あるいはそれをよりよくとらえている）のは直接投資のほうであるので、ここでは直接投資について議論することとする。

表6.2は、世界の地域間での直接投資[22]の動きを2020年末時点の残高ベースで示したものであり、表の各列に投資元の地域（どこから）、各行に投資先の地域（どこへ）が、それぞれ示されている。なお、直接投資にはフローとストック（残高）の2つのとらえ方（データ）があり、**フロー**とは一定期間内（例えば2020年の1年間）に新たに生じた直接投資（額）を表したもの、**ストック**（残高）とは過去から継続して行われてきた直接投資を通じて各国（の企業）がある時点（例えば2020年末）で外国に保有している資本の総額（資産）を表したものである[23]。ここでは資本移動すなわち投資の結果として各国に存在する外国資本の量を見るためにストック（残高）のデータを示した。

表6.2を見ると、直接投資が最も盛んなのは欧州の域内や欧州・北中米間となっており、いずれもドイツ、フランス、イギリス、アメリカなどの主要先進国が存在する地域である。この統計の地域分類では欧州や北中米には途上国も含まれているためこれらの直接投資のすべてが先進国どうしで行われたものとは断定できないが[24]、大部分は先進国間での直接投資と考えてよいだろう[25]。実際、直接投資は従来その大部分が先進国どうしの間で生じてきた[26]。**表6.3**は同じく2020年末時点の残高ベースで世界全体の対外直接投資と対内直接投資のそれぞれにおける先進国と途上国・新興国の比率を示したものであるが、こ

---

21) M&A は mergers and acquisitions の略で、企業の合併や買収を意味する語である。

22) 国際通貨基金（IMF）のマニュアルによれば、投資活動により外国企業が発行する普通株式または議決権全体の10%以上を保有した場合、統計上直接投資に分類される。

23) 預金口座（の通帳）を例にとれば、取引があった時の出入金（の記録）がフロー、その結果口座に貯蓄された（あるいは残った）預金額がストック（文字どおり「残高」）である。なお、直接投資のフローとストックについては本章の脚注5も、また経済活動におけるフローとストックの概念については本書第10章の脚注2も、それぞれ参照のこと。

096 | **第Ⅰ部　国際貿易**

表 6.2　世界の地域間における直接投資の動き（残高ベース、2020年末時点）

（単位：10億米ドル）

投資元の地域（どこから）／投資先の地域（どこへ）	欧州	北アフリカ	サブサハラ・アフリカ	北中米	南米（北大西洋およびカリブ地域を含む）	中近東	東アジア	中央および南アジア	オセアニア（大洋州）	世界全体
欧州	15,106	3	232	3,922	43	83	752	110	110	20,361
北アフリカ	80	1	3	14	0	3	4	1	0	106
サブサハラ・アフリカ	192	3	75	36	1	−1	54	26	0	387
北中米	4,448	0	25	1,239	65	19	872	40	158	6,866
南米（北大西洋およびカリブ地域を含む）	1,061	0	16	1,172	266	5	1,479	31	2	4,032
中近東	340	0	11	83	0	19	33	11	0	497
東アジア	787	0	12	417	1	5	2,760	68	17	4,066
中央および南アジア	715	0	149	392	1	3	617	166	22	2,064
オセアニア（大洋州）	216	0	9	231	0	1	165	8	52	684
その他・特定不能	689	0	7	51	66	31	145	43	271	1,302
世界全体	23,634	8	539	7,556	443	168	6,880	505	632	40,365

（出典）IMF 直接投資共同サーベイ（Coordinated Direct Investment Survey：CDIS）、Table 7（https://data.imf.org/regular.aspx?key=60564265）

表 6.3　世界の対外・対内直接投資における先進国と途上国のシェア（残高ベース、2020年末時点）

	対外投資シェア	対内投資シェア
先進国	78.6%	71.6%
途上国（含む新興国）	21.4%	28.4%

データ元：国連貿易開発会議（UNCTAD）（2023）、別表 3（https://un-ctad.org/system/file s/non-official-document/wir2023_tab03.xlsx）および別表 4（https://uncta d.org/system/files/non-official-document/wir2023_tab04.xlsx）

の表から、世界の直接投資の大部分（8 割近く）が先進国から発したものであり、また大部分（7 割超）が先進国に向けて生じたものであることが分かる。すなわち、資本移動は資本の賦存量や生産性が互いに異なる国の間で盛んに生じるという上述のモデルの予測とは異なり、現実の生産資本の移動（直接投資）はこれらが互いに似通っていると思われる先進国どうしの間で最も盛んに生じてきたのである。

　このように、上述のようなシンプルな経済学モデルでは世界で実際に観察される直接投資のパターンを十分に説明できないことについては、従来から指摘されていた。企業が事業活動の海外展開を目的として行う直接投資を資本の賦存量や生産性の違いに基づく 2 国間の資本レンタルの差を誘引とした資本移動だけで説明するのは不十分ではないか、というわけである。そこで、投資の背景にある企業の生産活動や事業活動の海外移転・海外展開の動機や理由に着目して直接投資の理論化が試みられてきている。ここでは詳しい説明を割愛するが、比較的古いものではプロダクト・サイクル理論、OLI 理論[27]といったも

24）なお、本表の地域分類の詳細（各地域にどのような国が含まれているか）については、本表の元となった IMF 直接投資共同サーベイ（Coordinated Direct Investment Survey：CDIS）のデータ（https://data.imf.org/regular.aspx?key=60564265）を参照いただきたい。

25）なお、東アジア域内での直接投資残高も大きいが、これは日本から近隣の東アジアの国々への直接投資の大きさを反映したものであろう。

26）ただし後述するように、近年では直接投資の流れは多様かつ複雑になってきており、先進国や新興国から途上国に向けた投資や、新興国から先進国に向けた投資も増加している。

のがある。また、直接投資による企業の海外進出の動機や目的も様々であり、その違いにより資本移動のパターンも異なってくるだろう。直接投資についてはその動機により、投資先（進出先）の国の市場に製品を供給するために現地に製造や販売の拠点を設けることを主たる目的とした**水平的直接投資**と、生産工程の一部を費用の低い国に移転することで生産費用の削減・節約をはかることを主たる目的とした**垂直的直接投資**の2類型に大別して議論されることが多いが、前者については先進国どうしの投資のように経済状況が互いに近い国の間で見られる場合が多いだろうし、後者については先進国から途上国への投資のように経済状況が異なる国の間で見られる場合が多いであろう。近年では直接投資の流れはより多様かつ複雑になってきており、その背景には企業による**グローバル・バリューチェーン**（Global Value Chain：**GVC**）と呼ばれる国際的な生産ネットワークの構築・活用が進んできたこともあろう。こうした企業の生産活動や事業活動の国際化とそのメカニズムの観点から直接投資の多様なパターンを説明せんとする試みは現在も継続しており、貿易の経済学すなわち国際貿易研究において最も活発な分野のひとつと言えよう。

---

27) Ownership（所有）、Location（立地）、Internalization（内部化）の3語の頭文字からこう呼ばれる。

第7章

企業の国際化と貿易

　我々は日常、例えば「中国に対する日本の輸出」とか「アメリカによる日本
への投資」といったように、国際貿易や直接投資を国と国との取引として表現
することが多い。しかし、現実の国際経済における貿易や直接投資は主に企業
による経済活動であり、実際に輸出入や投資を行っている主体は個々の企業で
ある。また、今日では様々な企業が自国のみならず海外の様々な国で事業活動
を展開しているのは周知のとおりである。経済のグローバル化とは企業活動の
グローバル化によるものであると言っても過言ではないだろう。本章では、貿
易や直接投資などの経済活動の主体としての個々の企業に焦点を当て、企業は
どのような形で海外進出すなわち国際化するのか、国際化する企業にはそうで
ない企業と比べてどのような違いや特徴・傾向があるのか、また企業の国際化
はその企業の本国や進出先となる外国の経済にどのような影響をもたらすの
か、といったことについて考えていくこととしたい[1]。

7.1　企業の国際化とその様態

　企業はどのようにして海外進出すなわち事業活動の国際化を行うだろうか？
その方法には大きく分けて2つの様態が考えられる。ひとつは貿易すなわち自
社の製品（モノやサービス）を輸出することである。自国内で生産して外国の

1）なお本章は、若杉〔編著〕（2024）における筆者の記述（第Ⅱ部第3章）を基に大幅に
　加筆修正と再構成を行ったものである。

100　第Ⅰ部　国際貿易

市場で販売する、ということであり、古くから行われてきた企業の海外進出・国際化のあり方といえるだろう。もっとも、今日の貿易というのは、後述するように、製品を最後まですべて自国内で生産して最終的に消費や利用が可能な状態になったもの（最終財という）を外国市場に輸出する、といった単純なものではなくなっている。

　企業の国際化のもうひとつの様態は、外国に製造や販売の拠点を設けて現地で直接的に事業活動を行う方法である。今日我々が「企業の海外進出」と聞いて通常思い浮かべるのはこちらかもしれない。企業が海外に拠点を設ける場合、進出先の国で自ら新たな事業拠点を設立したり、その国において既に存在・活動している企業を買収したりすることになるが、そうした拠点設立や企業買収のための資本を外国に投じることが必要となる。このように企業が外国で事業活動を展開することに伴う投資のことを**海外直接投資**（Foreign Direct Investment：FDI）または単に直接投資と言うが、それについては前章（第6章）でも説明したとおりである[2]。また、企業がFDIを通じて自国つまり本国（その企業の本社が存在する国）[3]のみならず外国にも事業拠点すなわち支店や子会社・関連会社などを持つことを企業の多国籍化といい、そうして多国籍化した企業のことを**多国籍企業**という[4]。

　なお、前章でも触れたとおり、FDIすなわち直接投資は、企業が多国籍化する動機の違いによって大きく2つに分類されることが多い。ひとつは、輸送費や相手国政府による関税[5]など、本国で生産した製品を外国市場に輸出した場合にかかるコストを避ける目的で外国に本国と同様の生産拠点を設けて「現地製造・現地販売」を行う場合で、**水平的直接投資**（**水平的FDI**）と呼ばれる。

2）なお、企業が進出先の外国で事業拠点を新設する場合の投資をグリーンフィールドFDI、既存の外国企業を合併・買収して拠点とする場合の投資をクロスボーダーM&Aと呼んで区別することがある。

3）以下、本章においては「本国」の表現を用いる。

4）国連貿易開発会議（UNCTAD）の定義では、2か国以上に拠点を有する企業を多国籍企業（transnational corporation：TNC）としている。なお、多国籍企業を表す英語としてはmultinational enterprise（MNE）のほうがより一般的に用いられている。

5）関税については第4章を参照。

第7章　企業の国際化と貿易　**101**

もうひとつは、製品の生産プロセスの一部を海外で行うために外国に拠点を設ける場合で、こちらは**垂直的直接投資**（**垂直的 FDI**）と呼ばれる。パソコンなどの電子機器の生産において人手のかかる最終組み立ての作業を労働力の安価な別の国に工場を設けて現地で行うような場合が後者の例といえる。こうした垂直的 FDI は、1つの製品の生産プロセスを複数の工程に分けそれぞれを最も効率的にあるいは低コストで実施可能な国で行う形の国際分業（フラグメンテーション、オフショアリングなどと呼ばれる）の拡大と密接に関連している[6]。またこうした国際分業には必然的に、ある製品が最終財になる前の段階や状態のもの（部品や未完成品）すなわち中間財の国境を越えた移動や取引（**中間財貿易**）を伴うことになる[7]。

7.2　国際化企業の特徴

さて、上記のように輸出あるいは FDI を通じて多国籍化をしている「国際化企業」にはどのような特徴があるのだろうか？　国際経済学（特に貿易研究）の分野において個々の企業の活動に関するデータが用いられ出したのは実は比較的近年になってからのことなのだが[8]、そうした個別企業のデータを用いた研究を通じて、国際化企業が同一の国および産業における企業総数（いわば国内の同業他社）に占める割合はそれほど大きくないこと、またこうした"少数派"である国際化企業は国際化していない企業（非国際化企業）と比べて様々な特徴や違いを持っていることが明らかとなった。ここではそうした国際化企

6）なお、前章（第6章）で触れたグローバル・バリューチェーン（global value chain：GVC）とは、こうした工程間の国際分業（フラグメンテーション）を通じて形成された複数の国にまたがる生産・供給ネットワークのことである。

7）なお、ここでは製造業を念頭においた説明をしているが、FDI や企業の多国籍化は製造業に限らず広く行われている。また、FDI の動機や形態も企業の事業内容や多国籍化の目的に応じてより複雑多岐に分類される場合もある。

8）具体的には1990年代になってからのことである。なお、主要国ではそれ以前から政府による企業調査を通じた統計が収集されてきてはいたが、機密保持等の理由から一般に対外公表はされておらず、また研究目的の場合であってもその利用については厳しい制約が設けられている。

102　**第Ⅰ部　国際貿易**

表 7.1　日本の輸出企業比率（2016年～2020年度）

	国内企業総数（A）	うち輸出企業数（B）	輸出企業比率（B/A）
2016年度	30,151	7,592	25.2%
2017年度	29,530	7,541	25.5%
2018年度	29,780	7,589	25.5%
2019年度	29,295	7,475	25.5%
2020年度	29,574	7,496	25.3%

（注）全産業総合計の企業数。輸出企業数はモノおよびモノ以外の輸出企業の数。
データ元：経済産業省（2022b）『2021年経済産業省企業活動基本調査確報（2020年度実績）』統計表

業の特徴および国際化企業と非国際化企業の違いをもたらすメカニズムについて経済学的に考察していくこととする。

7.2.1　輸出企業と非輸出企業の違い

　上述のような個別企業のデータを用いた研究がまず着目したのは、どのような企業が輸出を行っているのか、ということであった。そこで、我々もまずは自社の製品を外国に輸出している企業すなわち輸出企業について見ていこう。

　表7.1には、経済産業省が実施している「企業活動基本調査」の結果から求めた、日本において輸出企業が企業総数に占める割合を示している[9]。ここでは製造業に限らず卸売・小売や各種サービス業などあらゆる産業に属する企業の中でモノあるいはモノ以外（サービス等）の輸出を行っている企業がいくつあるかが示されているが、ここから、輸出企業は日本の企業全体の四分の一程度という"少数派"であり、日本企業の大半は外国への輸出を行っていない非輸出企業であることが分かる。これを製造業におけるモノの輸出企業に限って見た場合でも、2020年度では全12,771社中の4,713社と、輸出企業は全体の36.9%でやはりそれほど割合は大きくないことが分かる[10]。なお、このよう

9）ここでは経済産業省が公表している「2021年経済産業省企業活動基本調査確報（2020年度実績）」（経済産業省、2022b）の付表に報告されている数値を用いている。

10）なお、製造業における輸出企業比率は業種別に細かく見た場合にはばらつきがあり、2020年度では最も高い業種（業務用機械器具製造業）で60.5%、最も低い業種（印刷・同関連業）では9.8%であった。

第7章　企業の国際化と貿易　103

表7.2　主要国における製造業の輸出企業比率（2003年）

国名	輸出企業数／国内企業数（%）
日本	30.5
ドイツ	59.3
フランス	67.3
イギリス	28.3
イタリア	74.4
ハンガリー	47.5
ノルウェー	39.2
アメリカ	18.0

（注）フランス、ドイツ、ハンガリー、イタリア、イギリスについては規模の大きい一部企業のみ。ノルウェー、アメリカについては全企業を含む。なおアメリカのデータは2002年のもの。
（出典）若杉編（2011）、表1-2より抜粋。

　に輸出企業がどちらかと言えば"少数派"であることは、日本に限らず諸外国でも同様に確認されている。少し古いデータになるが、**表7.2**は主要国における2003年時点の製造業における輸出企業数の割合を比較したものである。規模の大きい一部企業のみが統計の対象となっている国では輸出企業比率が高くなっているが、全企業を対象に含む国（ノルウェーやアメリカ）では輸出企業の比率はやはりそれほど高くない[11]。

　では、こうした"少数派"の輸出企業には非輸出企業と異なる何らかの特徴が見られるのであろうか？　この点について個別企業のデータを活用した研究が明らかにしたのは、輸出企業は非輸出企業と比べて、平均的に(i)規模（従業員数、生産量や売上など）が大きい、(ii)賃金が高い、(iii)資本や技能（技能労働者や熟練労働者）をより多く投入している、という特徴や傾向を持っているということであった。**表7.3**は、主要国におけるこうした輸出企業の特徴を非輸出企業に対する「プレミア」、すなわち各企業の雇用者数、付加価値、賃金、資本集約度、技能集約度のそれぞれについて、輸出企業の平均値が非輸出企業の

11）なお、日本の統計の元となっている「経済産業省企業活動基本調査」では、従業者50人以上かつ資本金または出資金3千万円以上の企業の全数を対象としている。

104　第Ⅰ部　国際貿易

表7.3 輸出企業プレミア

	雇用者数 プレミア	付加価値 プレミア	賃金 プレミア	資本集約度 プレミア	技能集約度 プレミア
日本	3.02	5.22	1.25	1.29	1.58
ドイツ	2.99		1.02		
フランス	2.24	2.68	1.09	1.49	
イギリス	1.01	1.29	1.15		
イタリア	2.42	2.14	1.07	1.01	1.25
ハンガリー	5.31	13.53	1.44	0.79	
ベルギー	9.16	14.8	1.26	1.04	
ノルウェー	6.11	7.95	1.08	1.01	

(注) 各指標のプレミアは輸出企業平均値の非輸出企業平均値に対する比。フランス、ドイツ、ハンガリー、イタリア、イギリスについては規模の大きい一部企業のみ。ベルギーとノルウェーについては全企業を含む。
(出典) 若杉編（2011）、表1-5より抜粋。

平均値に対して何倍大きいかという指標で示したものである（製造業企業のみ）。国や指標によって値にはばらつきがあるものの、表中の数値はいずれも1より大きい。すなわち、いずれの国においても、またいずれの側面（指標）においても、輸出企業は非輸出企業を平均的に上回っていることが示されている[12]。

　そして、特に注目すべきが、輸出企業と非輸出企業との生産性の違いである。**生産性**とは一定量の要素（インプット）を投じた場合にどれだけの産物（アウトプット）を生み出せるかを測った指標であり、一般には労働生産性（1単位あたりの労働インプットに対するアウトプット）や全要素生産性（total factor productivity：TFP、資本や労働などのインプットを同じ量用いた場合のアウトプットの量を推計して表した指標）といった指標を用いて表されるが、この生産性の比較においても、輸出企業は非輸出企業と比べて平均的に生産性が高い、という特徴・傾向を持つことが様々な研究によって確認されているのである。つま

---

12) なお、表7.3はあくまで平均値の比較を示したものであり、すべての輸出企業がすべての非輸出企業をそれぞれの点において上回っているわけではない。個々の企業を比較した場合には、雇用者数や付加価値の面で多くの非輸出企業よりも規模が小さな企業が輸出を行っているというケースも見られる。

り、平均的な輸出企業は平均的な非輸出企業と比べると、同じ量のインプットを用いた時により多くのアウトプットを生み出せるということ、言い換えればより低コストで（少量のインプットを用いて）同じ量のアウトプットを生み出すことができる、ということである。こうした輸出企業の生産性における優位が**表7.3**に示された規模や賃金などのプレミアの背景にあると考えられている。すなわち、輸出企業は非輸出企業よりも生産性が高いため、より大規模になり、生産量も多く、また高い賃金を支払っている、というわけである。

7.2.2 企業の生産性と輸出に関する2つの仮説

では、なぜ輸出企業は非輸出企業よりも平均的に生産性が高いのだろうか？この点については、大きく分けて2つの可能性あるいは考え方が指摘されている。ひとつは**自己選別仮説**という考え方であり、もともと生産性の高い企業（のみ）が輸出を行うようになる可能性を指摘するものである。企業が輸出を行うためには、製品の輸送や関税に伴う費用（可変貿易費用）[13]のほかに、輸出先の外国において製品の販路の獲得や販売網の整備をするための費用など、実際に製品を輸出する前に生じる一定の費用すなわち固定費用[14]も必要になると考えられる。こうした輸出に必要な固定費用を賄うには、輸出先の外国市場でそれに見合うだけの販売（輸出）収益をあげることが要求されるので、それが可能な生産性の高い企業のみが輸出を行っているのであり[15]、そのことが輸出企業の平均的な生産性の高さに現れているのだというわけである。もうひとつは**学習効果仮説**（輸出による学習効果仮説）という考え方で、輸出をして

---

13) 輸送や関税に伴う費用は、輸出する製品1単位ごとにかかるものであるため、可変貿易費用と呼ばれる。

14) ここで例に挙げた外国での販路獲得や販売網整備などの費用は、輸出する製品の数量にかかわらず輸出を開始する際の一定の費用として生じるものであるので、固定費用である。

15) 輸出開始に伴う固定費用を回収して余りある収益を外国市場で得られる高生産性企業（だけ）が輸出することを選択し、そうでない企業（すなわち生産性が十分高くないため輸出をすれば損失を出してしまう企業）は輸出をしないという選択を自ら行うので、「自己選別」仮説と呼ばれる。

106 第I部 国際貿易

いる企業が輸出を通じて（あるいは輸出をした結果として）生産性を高めている可能性を指摘するものである。輸出を通じて海外進出をした企業は、外国市場で現地の国内製品や別の国の企業からの輸入品との厳しい競争にさらされたり、また外国市場において製品や事業に関する新しい情報やノウハウを得たりした結果として自社の生産性を向上させている可能性があり、そうして輸出を通じて事後的に生産性を高めていることが輸出企業の平均的な生産性の高さに現れているのだとも考えられるわけである。

　なお、企業の生産性と輸出に関する上述の2つの考え方のうち、自己選別仮説のほうは、個別企業のデータを用いた多くの研究によって繰り返し確認・支持されてきている。他方、学習効果仮説については、初期の研究においては明確でないとされる場合が多かったが、最近の研究では仮説を支持する（学習効果の存在を確認する）エビデンスを示すものが増えている。

7.2.3　メリッツ・モデルと再配分による貿易の利益

　自己選別仮説すなわち生産性に基づく輸出企業選別のメカニズムについては、データを用いた統計的・計量的分析（実証研究）だけでなく、経済学モデルによる理論的説明も試みられてきた。こうしたモデルは異質企業の貿易モデル（heterogeneous firm model）[16]または「新新貿易理論」[17]とも称されるが、ここではその最も代表的なモデル——論文の著者（Marc Melitz）の名から**メリッツ・モデル**[18]と呼ばれる——についてそのエッセンスを紹介する。

　メリッツ・モデルの基本構造は、第3章（第3.3節）で紹介したクルーグマンによる製品の差別化と規模の経済の貿易モデル（産業内貿易のモデル）と同じである。クルーグマンのモデルとの違いは、企業の間に生産性の差が存在する点、そして製品の生産のための固定費用（これはクルーグマンのモデルにも存在する）に加えて製品の輸出にも追加的な固定費用が必要となる点である[19]。

---

16)「異質」（heterogeneous）とは、企業間の生産性の違いを指す。
17) 第3章で紹介した製品の差別化と規模の経済の貿易モデルを「新貿易理論」と呼ぶことに対応してこう呼ばれる。
18) Melitz（2003）
19) 輸出に伴う固定費用については第7.2.2項で前述したとおり。

第7章　企業の国際化と貿易 | **107**

生産性の高さは生産の限界費用の低さにつながるため、生産性の高い企業ほど限界費用が低いぶん国内市場でも輸出先の外国市場でもより大きな収益を得ることができる[20]。輸出に固定費用がかかるため、これを埋め合わせるのに十分な大きさの収益を輸出を通じて得られるだけの高い生産性をもった企業のみが輸出を行い[21]、それ以外の企業すなわち生産性が十分高くないために輸出からの収益が輸出のための固定費用を下回ってしまうような企業は外国への製品輸出を諦める[22]。こうして生産性の高い一部の企業のみが輸出企業となるので、結果として輸出企業は非輸出企業よりも生産性が高いという状況が生じるわけである。

　なお、メリッツ・モデルは、それ以前の貿易理論が示唆していなかった新たな側面からの貿易の利益の存在を明らかにした。**再配分による利益**といわれる貿易利益である。上述のように、貿易が開始されると、生産性が十分に高い企業は輸出を開始するが、これら輸出企業は国内販売からの利潤と外国への輸出からの利潤の両方を得るようになるため、貿易前よりも規模を拡大する。他方、生産性が十分でなく輸出を諦めた非輸出企業は逆に、外国からの輸入品との競争により国内販売が縮小するため、貿易前よりも規模が縮小してしまう。さらにこれら非輸出企業の中でも特に生産性が低い企業は貿易後の国内市場での収益縮小により生産のための固定費用も賄えなくなり市場から退出してしまう。その結果、貿易開始後に退出した企業や規模を縮小した非輸出企業が手放した資本や労働などの生産要素は、規模を拡大した輸出企業によって用いられることになる。こうして、貿易を通じて一国の生産資源が生産性の低い企業から生産性の高い企業へと再配分されることにより、その国あるいは産業全体の生産性や効率性の向上につながるわけである。この再配分による利益は、第2章で説明した比較優位の貿易理論が指摘した特化と交換による利益および第3

---

20) モデルに沿ってもう少し正確に言えば、限界費用の低い企業は自社製品を競合他社よりも低い価格で販売できるため、その分多くの需要を獲得でき、より大きな収益を得ることができる。

21) 輸出の収益から輸出の固定費用を引いた輸出の利潤がゼロ以上の企業、ということ。

22) 輸出の収益から輸出の固定費用を引いた輸出の利潤がマイナスになる、つまり輸出をすると損失を出すことになる。

表 7.4　海外に子会社を有する日本企業の比率（2016年～2020年度）

	国内企業総数 （A）	うち海外に子会社を持つ企業数 （C）	海外子会社保有企業比率 （C/A）
2016年度	30,151	5,910	19.6%
2017年度	29,530	5,868	19.9%
2018年度	29,780	5,840	19.6%
2019年度	29,295	5,790	19.8%
2020年度	29,574	5,852	19.8%

（注）全産業総合計の企業数。
データ元：経済産業省（2022b）『2021年経済産業省企業活動基本調査確報（2020年度実績）』統計表

章で述べた新貿易理論が指摘した多様化による利益と並ぶもうひとつの貿易の利益として、重要な意義を持っている。メリッツ・モデルの重要性は、生産性が高い企業（のみ）が輸出を行っているという事実の背後にあるメカニズムを説明したことに加え、新たな貿易の利益の存在を指摘したという点にもある。

7.2.4　FDI 企業と非 FDI 企業の違い

次に、企業の国際化のもうひとつの様態である FDI による多国籍化の観点から、FDI を通じて多国籍化している企業（FDI 企業）[23] の特徴について、FDI を行っていない企業（非 FDI 企業）との差異に着目して見ていこう。

表 7.4 には、表 7.1 と同様に経済産業省が公表している「企業活動基本調査」に基づく統計から求めた、日本の企業全体において海外に子会社を有する（すなわち FDI を行っている）企業が占める割合が示されている（全産業の総計）が、FDI を行っている企業は日本企業全体の 2 割弱であり、その割合は輸出企業の割合（全体の25％強）よりも小さい[24]。ここからまず、FDI 企業は輸出

23）前節（第7.1節）で述べたとおり、FDI を通じて多国籍化している企業を通常は多国籍企業と言うが、ここでは FDI を行っているか否かの観点に着目するため「FDI 企業」と呼称することにする。

24）また、製造業企業に限って見た場合は、2020年度では全12,771社中で海外に子会社を保有する企業は3,565社で全体の27.9％、うち海外子会社の業種も製造業である企業は3,029社で全体の23.7％と、同年度の製造業におけるモノの輸出企業の割合（36.9％）と比べて小さく、やはり FDI 企業は輸出企業以上の"少数派"であるといえる。

表 7.5　輸出企業および FDI 企業のプレミア

	雇用者数 プレミア	付加価値 プレミア	賃金 プレミア	資本集約度 プレミア	技能集約度 プレミア
輸出企業プレミア					
日本	3.02	5.22	1.25	1.29	1.58
ドイツ	2.99		1.02		
フランス	2.24	2.68	1.09	1.49	
イギリス	1.01	1.29	1.15		
イタリア	2.42	2.14	1.07	1.01	1.25
ハンガリー	5.31	13.53	1.44	0.79	
ベルギー	9.16	14.8	1.26	1.04	
ノルウェー	6.11	7.95	1.08	1.01	
FDI 企業プレミア					
日本	4.79	8.79	1.26	1.53	1.52
ドイツ	13.19				
フランス	18.45	22.68	1.13	1.52	
ベルギー	16.45	24.65	1.53	1.03	
ノルウェー	8.28	11.00	1.34	0.87	

(注)　各指標のプレミアは輸出（FDI）企業平均値の非輸出（非 FDI）企業平均値に対する比。フランス、ドイツ、ハンガリー、イタリア、イギリスについては規模の大きい一部企業のみ。ベルギーとノルウェーについては全企業を含む。
(出典)　若杉編（2011）、表 1 - 5 より転載。

企業以上の"少数派"であることが分かる。次に、**表7.5**には、表7.3で示した主要国における輸出企業プレミアに加え、各指標における「FDI 企業プレミア」すなわち非 FDI 企業の平均値に対する FDI 企業の平均値の大きさ（何倍か）を示している。ここからは、輸出企業の場合と同様、FDI 企業は非 FDI 企業と比べて平均的に規模（従業員数や生産量など）が大きい・賃金が高い・資本集約的であるといった傾向を持つことが分かるが、同時にその差は輸出企業と非輸出企業の間の差よりも顕著であることも読み取れる。そして、FDI 企業と非 FDI 企業のこうした差異の背景には両者における生産性の差が存在すること、また FDI 企業がなぜ非 FDI 企業よりも平均的に生産性が高いのかについて自己選別仮説と学習効果仮説の 2 つの可能性が考えられることも、輸出企業の場合と同様である[25]。FDI 企業と非 FDI 企業の生産性の平均値の間には輸出企業と非輸出企業の場合よりも大きな差が見られることが企業データを用いた様々な研究を通じて確認されており、またそうした研究のいくつかでは FDI 企業の生産性は FDI をしていない（多国籍化していない）輸出企業の生

110　第 I 部　国際貿易

産性よりも平均的に高いことも示されている。

　こうしたデータや計量分析の結果が示唆するのは、企業の国際化（する・しない）およびその様態（輸出か FDI か）と企業の生産性との間には、FDI 企業・（FDI を行わない）輸出企業・（輸出も FDI も行わない）非国際化企業の順に生産性が高いという関係や傾向がある、ということである。この関係の背後にあるメカニズムについて、前項（第7.2.3項）で紹介したメリッツ・モデルを応用・拡張して自己選別仮説に基づいた理論的説明を試みたモデルが提示されている（Helpman, Melitz, and Yeaple, 2004）。企業には外国市場への自社製品の供給に際し、輸出に加えて FDI すなわち供給先の外国に拠点を設けて現地で製造・販売を行う選択肢もあるとする。FDI には輸出以上に大きな固定費用を伴うが[26]、FDI による現地製造販売なら本国で生産した製品を外国市場に輸出する場合に生じる輸送や関税に伴う費用は節約できるため、進出先外国市場での収益は輸出の場合よりも大きくなる。したがって、個々の企業は輸出か FDI かのいずれか（収益から固定費用を差し引いた）利潤がより大きい手段を外国市場への自社製品供給方法として選択するが、その結果、メリッツ・モデルと同様に輸出からゼロ以上の利潤を得るのに十分な高さの生産性をもった企業のみが国際化するが（それ以外の企業は本国市場に供給する非国際化企業となる）、その中でも特に生産性の高い一部の企業は輸出よりも FDI による国際化を選択して FDI 企業となる（それ以外の国際化企業は非 FDI 輸出企業となる）という結果が導かれるのである。

　なお、このモデルが想定している FDI は水平的直接投資であり、したがって輸出と FDI とが企業の国際化の手段として互いに代替的になっている点に留意する必要がある。これに対して垂直的直接投資の場合には、本章第7.1節で前述したように企業は本国から投資先外国の拠点に向けて中間財の輸出を同

25）なお、学習効果については、FDI の場合は輸出の場合よりも経路が多様かもしれない。輸出の場合と同様に進出先の外国市場での厳しい競争や新たな情報・ノウハウの獲得等に加え、買収や提携をした外国企業が持つ技術や知識・ノウハウや事業ネットワークの直接的な獲得・習得を通じた効果（クロスボーダー M&A の場合）も考えられよう。

26）進出先外国での拠点の設立や買収など（まさに直接投資の目的・理由である）、輸出の場合には要求されない初期費用（投資）が含まれることを思い浮かべればよい。

第 7 章　企業の国際化と貿易　　111

時に行うなど輸出と FDI とが互いに補完的・付随的に行われることもあろう。実際、国際化企業の中には同じ進出先外国に対して輸出と FDI の両方を同時に行っている企業も少なからず存在するが、そうしたケースはここで紹介したモデルでは十分に説明できないこともあわせて指摘しておきたい。

7.3 企業の国際化がもたらす経済的影響

ここまで論じてきたような企業の国際化は、海外進出した企業の本国および進出先の外国にはどのような経済的な影響をもたらすであろうか？　以下では、企業の国際化の2様態のうち特に FDI を通じた企業の多国籍化のケースに焦点を当てて、主として製造業部門を念頭に置きつつ、国際化企業の本国すなわち FDI の投資国経済への影響と、進出先の国すなわち FDI の投資受入国（ホスト国）経済への影響とについて、それぞれ考えてみたい。

7.3.1 FDI 投資国への影響

まず、FDI を通じて多国籍化した企業の本国すなわち FDI 投資国への経済的影響について、輸出、雇用、および生産性の3つの観点からそれぞれ順に考えてみよう[27]。

FDI 投資国からの輸出は増えるか、減るか？

企業が FDI を通じて海外に事業拠点を設けることで、企業の本国からの輸出にはどのような影響が及ぶであろうか？　もし企業がそれまで本国で生産して外国に輸出をしていたのを外国での現地製造販売に置き換えたとすれば（水平的直接投資の場合）、本国からの輸出は減ることになるであろう。他方、もし企業が生産プロセスの一部を外国の拠点で実施する形で本国との国際分業（フラグメンテーション）を行っているのだとすれば（垂直的直接投資の場合）、部品や中間財の取引を通じて本国から進出先外国への輸出は増えるとも考えられる。実際、個別企業のデータを用いた実証研究からは、水平的直接投資は輸出

---

27) 本項における議論は主に松浦（2011）を基にしている。

112 | 第 I 部 国際貿易

代替効果（輸出が現地生産に置き換わる）を、垂直的直接投資は輸出促進効果を、それぞれより強く持つ傾向があることが確認されている。

　現実には様々な企業が様々な動機や形態による FDI を行っているので、上記の効果の両方が混在していると考えられる。したがって、FDI 投資国全体では輸出への影響がプラスなのかマイナスなのかは、いずれの効果がより大きいのかによって左右されると言える。この点については、国や産業レベルのデータを用いて全体的な影響の分析を試みた研究の多くが FDI と輸出の間の補完的・付随的な関係（FDI の増加に伴い輸出も増加する）を指摘しているが、全体的な投資国輸出への影響（増えるのか減るのか）については必ずしも一致した結果や見解を示すには至っていない。

FDI 投資国における雇用は増えるか、減るか？

　企業が FDI を通じて多国籍化することにより、企業の本国における雇用にはどのような影響が及ぶであろうか？　もし企業がそれまで本国に持っていた生産拠点を外国に移転する形で多国籍化したとすれば、本国ではその分の雇用が失われる可能性がある。他方、企業が生産や事業の一部を担う拠点を海外に展開する形で多国籍化すれば、外国拠点での活動と補完的な本社機能あるいは本国にある関連部門の活動が活発化し、それによって海外移転で失われた雇用を補いまたはそれを上回るだけの新たな雇用を本国で生み出す可能性もある。現実にはこのいずれの可能性がより当てはまるのかについては、統計データを用いた分析による検証が必要である。

　これまでの研究によれば、個別企業のデータを用いた分析からは、企業の生産活動の海外移転は必ずしも企業の本国の国内雇用を減少させるものではないことが示されている。また、FDI を行った企業はそうでない企業に比べて長期的には本国における雇用を維持あるは増加させる傾向をより強く持つことも指摘されている。一方、国や産業レベルのデータを用いた全体的な影響分析については、用いるデータや対象とする期間、分析や推定の手法の違いなどにより結果が異なっている。しかしながらいずれの研究においても、FDI による企業の多国籍化には本国雇用に対する喪失と創出の両方の効果があることが指摘されている。すなわち、少なくとも現実は「自国の企業が FDI を通じて多

国籍化すると事業が海外に移転されて国内の雇用が減る」と単純に言い切れるようなものではない、ということである。

FDI 投資国の生産性は向上するか、低下するか？

　企業が FDI を通じて多国籍化することにより、企業の本国の産業あるいは経済全体の生産性にはどのような影響が及ぶであろうか？　企業が本国にある拠点と外国拠点との分業を通じて事業全体の効率化やコスト削減を実現できれば、企業そのものの生産性向上につながるだろう。また、進出先の外国市場での活動や傘下に収めた外国企業を通じて得た情報・知識・技術やノウハウなどの「学習効果」により本社部門の生産性を向上することも可能であろう。多国籍化したそれぞれの企業がこうして本社部門や本国拠点の生産性を向上させれば、多国籍企業の本国すなわち FDI 投資国の経済や産業全体の生産性の向上にもつながるであろう。さらに、前節の第7.2.3項で述べたメリッツ・モデルが示唆するように、企業の国際化を通じて本国では生産性の低い企業から高い企業への生産資源の再配分が促されることにより経済や産業全体での生産性が向上する可能性も考えられよう。ただし、本国においてそれまで企業の集積による外部経済効果が実現していたような場合には、そこから一部の企業や拠点が FDI により海外移転してしまうと集積による外部経済効果が失われ、本国に残った企業や拠点の生産性が全体として低下してしまう場合もあるかもしれない[28]。

　この点についての実証研究を見てみると、個別企業のデータを用いた分析には特に垂直的直接投資を行った企業について本社部門や本国拠点の生産性向上効果を指摘するものが多いようである。また、企業の国際化（貿易）の機会拡

---

28) ここで言う集積の外部経済効果とは、ごく単純に表現すれば、企業や拠点が近くに集まることにより単独では得られなかった情報交換や技術伝播により互いに生産性にプラスの影響を及ぼし合うような状態であり、言うなれば 1 + 1 が 2 よりも大きくなっている（例えば 3 になっている）状態のことである。このような集積の外部経済効果が実現している場合、逆にある企業が集積から抜けてしまうと外部効果も失われるため、3 - 1 が 2 にとどまらずさらに（例えば 1 まで）低下してしまうといったふうに、残った企業や拠点の生産性にもマイナスの影響が及んでしまう可能性がある。

大が資源の再配分を通じて本国（輸出国）の産業全体の生産性向上につながることを示した研究もある。他方、企業集積の効果あるいは企業の海外移転による本国における集積効果の喪失については、統計データを通じて外部経済効果を実際に計測・観察することが難しいこともあり、分析が容易ではない面がある。

7.3.2　FDI ホスト国への影響

　最後に、FDI を通じた企業の多国籍化が企業の進出先の国すなわち FDI ホスト国にどのような経済的影響をもたらすかについて、特にホスト国の経済成長に対する効果という観点から考えてみたい。

　外国企業からの FDI あるいは多国籍企業の参入や進出を受け入れたホスト国では、参入した外国企業の投資により国内の生産資源が増加し、雇用を含めた国全体の生産能力の量的な拡大につながることが期待される。また、外国企業の参入により激しくなった国内市場での競争を通じて、あるいは参入した外国企業が持つ知識や技術やノウハウの伝播（スピルオーバー）を通じて、ホスト国の地元企業の生産性が向上し、それによってホスト国全体の生産能力の質的な向上も期待できるかもしれない。こうした効果への期待から、FDI を通じた企業の多国籍化は FDI ホスト国の経済成長の促進に寄与する可能性が考えられる。

　外国からの FDI が FDI ホスト国経済にもたらす影響に関しては、統計データを用いた実証研究の多くが、外国からの FDI（対内 FDI）とホスト国の経済成長パフォーマンスとの間に正の相関があることを確認している。つまり、外国からの FDI を多く受け入れている国ほど経済成長率が高いという傾向があるのである[29]。その一方で、対内 FDI や外国企業の参入を自国の経済成長に繋げるためには、ホスト国側が一定のキャパシティを有していること、すなわ

---

29) ただし、この分析結果から直ちに対内 FDI の受け入れがホスト国の経済成長を促進させる要因となっていると結論付けることはできない。なぜなら、この分析結果は、経済成長率の高いホスト国ほど外国からの FDI を呼び込んでいる（外国企業は経済成長率の高いホスト国により多く投資をしている）という逆の因果関係を示唆している可能性もあるからである。

第 7 章　企業の国際化と貿易　115

ちホスト国における教育や経済社会基盤（インフラストラクチャー）、地元企業
の技術や能力、金融市場の発展状況等がある程度の水準に達していることが必
要であるということもまた、多くの研究によって示唆されていることを指摘し
ておきたい。

第 II 部

国際金融

第8章

国際収支と国際貸借

　金融とは、何だろうか。文字どおりに理解すれば、「お金を融通する」という意味になる。実際、金融とは、基本的に資金が余剰となっているところ（資金余剰主体）から資金が不足しているところ（資金不足主体）に資金を融通することを指している。そして、国際的に資金を融通することが国際金融であり、国際金融には国際的な資金の移動という意味もある。

　国内金融では、資金を一方から他方に送金、口座振替などの形で融通している。そして、国内銀行の間の資金のやりとりは、全銀システム[1]という銀行間のオンライン決済ネットワークシステムを使って行われている。

　国際金融でも考え方は同じである。しかし、考え方は同じでも、国際金融には国内金融と大いに違うところもある。最大の違いは、資金のやりとりが異なる国どうしで行われるという点である。異なる国どうしの金融取引となれば、まず通貨が異なる。違う国であれば、金利も異なることが多いだろう。国際的な取引となれば、国内の規制も通用しないし、全銀システムのような決済ネットワークシステムが国際的になければ送金もできない。

　国内金融と異なる点に焦点を当てて、国際金融とはどのようなものかを以下見ていきたい。

1）全銀システムとは、全国銀行データ通信システムの略称で、この制度に加盟する銀行間の振込など国内金融取引を担うオンラインの仕組みを指す。

118　第II部　国際金融

8.1　国際金融の意味

8.1.1　広がる国際金融取引

　国際金融を知る第一歩は、国際金融取引が広がっている背景を見てみることである。貿易を通じた商品・サービスの取引や、海外への投資が増大することで世界の経済的な結びつきが深まることをグローバル化というが、現在では企業のグローバル化が進んでおり、異なる国々に進出したり、海外に取引先を持ったりすることが一般的になっている。

　また、コンピュータを通じた情報処理やインターネットなどの分野におけるイノベーションで、もはや国際金融取引は瞬時かつ容易に行われるようになっている。今や、日本にいながら主要国の株式、債券[2]、通貨など瞬時の変動を見逃すことなく売買できるようになっている。

　さらに、金融自由化も国際金融取引を広げている。世界各国では、金利規制を縮小・撤廃したり、市場参加者の範囲が広がったり、一層多様な金融商品が市場に登場するなど金融自由化が進んでいる。内外で金融市場への参入障壁が下がったことで、外国の市場にその国に居住しない非居住者が投資できるようになっており、国際金融取引の拡大につながっている。

　金融自由化もあって、自国通貨と外貨を売買して為替差益（後述）を狙う個人投資家も増えているが、ヘッジファンドや投資信託などの機関投資家による国際金融取引も拡大している。ヘッジファンドとは高い収益を挙げることを目的として多様な投資戦略を用いて資金を運用する投資ファンドのことであり、投資信託は多くの投資家から集めた資金を運用して投資家に利益を配当する金融商品のことである。

　一方、近年為替相場の変動が激しくなったことも国際金融取引増加の一因となっている。それは、為替相場の変動が激しくなったことで、金融機関や企業にとって外貨や外貨建て金融資産の売買や保有で発生する損失リスクの管理が求められるようになったことが影響している。例えば、日本の投資家が米ドル

2）債券とは、国や地方公共団体、企業などが投資家から資金を借り入れるために発行する有価証券を指す。

第8章　国際収支と国際貸借　119

建ての債券を保有している場合、円ドル為替レートの変動によって、債券の価値が変化し、投資家の収益に影響を与える可能性がある。

　国際金融取引は、世界経済の発展や国際的なビジネス活動を促進する。しかし、一方で為替変動などのリスクをもたらすこともある。そのため、律する政府や中央銀行が存在しない国際金融市場においては、国際的な規制や協調が求められている。

8.1.2　国際金融の中心となる為替レート

　通貨が異なる外国と経済取引を行うに当たっては、通貨を交換することが不可欠だが、その際に重要となるのが互いの通貨の交換レートである。交換レートが分からなければ通貨のまともな交換などできない。この交換レートが**外国為替レート**あるいは**為替レート**であり、為替レートが使われるのは貿易に限らない。人々が海外に旅行するときには、必要なぶんだけ自分の国の通貨を旅行する国の通貨に交換する。その際に、為替レートに一喜一憂することになる。当然、自国の通貨が割高の為替レートであるほうが旅行先の国で商品やサービスが割安で買えることになる。

　この為替レートの動きは投資家が海外に投資するときにも重要となる。例えば、海外の通貨の金利が自国に比べて高いだけではなく、自国の通貨の為替レートが安い方、すなわち投資をしようと思う国の通貨の為替レートが高いほうに動いている場合には、海外に投資する良い機会となる。投資後さらに自国通貨が安くなれば、それだけで投資を自国通貨に交換して回収した時に利益を得られるからである。この通貨の売買の際の為替レートの差で得られる利益を為替差益と言う。

　国際金融は通貨が異なる国どうしの金融取引を対象とするものであるが、その中でも為替レートは国際金融の中心的な項目ということができる。通貨の交換は、多くの国際金融取引でおのずと発生するものであり、結果として各国通貨を交換する場である外国為替市場での取扱高は国際的な貸付や貿易取引などの取扱高と比べても圧倒的である。

8.1.3 閉鎖経済と開放経済

　国際金融取引は国境を越えた金融取引であり、当然経済もグローバルに見ることが必要となる。一国が自国内で生産された商品・サービスを自国内で消費し、他国との貿易が制限されている経済を**閉鎖経済**と言う。閉鎖経済においては、国内の生産量、消費量、投資、政府支出などが、経済全体の活動を決めることになる。そこでは、貿易等海外との経済活動は乏しく、国内の需要と供給で経済活動が決まり、金融取引も国内で完結することになる。

　一方、**開放経済**とは、国際的な経済取引が自由であり、外国企業の国内市場への参入も自由である経済を指す。開放経済においては、国内の産業や商品の需要と供給が国内だけではなく、外国との貿易によっても決定されるため、世界の経済動向に影響を受けることになる。したがって、開放経済では国際的な市場動向や通貨価値の変動などが国内経済に与える影響が大きく、経済動向を把握するためには海外との貿易や資本のやりとりなどの経済活動でどれだけ利益を得たのかが重要となる。

　国際金融で一国の経済を示す時には、基本は開放経済の姿である。そこでは、国内で消費、投資や政府の支出があり、外国との関係では貿易や国民が海外で得た付加価値も含んでいる。現在のグローバル化した世界にあっては、ほとんどの国が開放経済であり、そこに外貨が大事な決済手段としてかかわることになる。

　外国との経済取引の決済には、自国通貨が国際間の決済や金融取引に広く使用される通貨となっているアメリカ・ドル（米ドル）、円、ユーロなどの主要国・地域通貨が主に使われており、これらの通貨を**国際通貨**という。その中でも米ドルは、原油で1バレル80ドルといった具合に国際的な価値基準として使用されており、各国が外貨準備として保有する**基軸通貨**となっている。自国通貨が基軸通貨や国際通貨になっていない国では、外国との経済取引の決済に保有する国際通貨が不足すると輸入ができない、あるいは外国や国際機関などから外貨を借り入れる必要がでてくる。グローバル化した世界において開放経済を採っている国にとっては、外国との経済活動の収支を把握することが極めて重要となっている。

第8章　国際収支と国際貸借　**121**

8.1.4　開放経済と国際収支

　日本やアメリカ、欧州諸国などは開放経済の国々である。では、その経済活動はどのように測られているのか。一国の経済状況を示す最も典型的な経済指標は国内総生産（GDP）[3]であり、国内で一定期間に生産されたすべての財やサービスの価値を合計したものである。そこには貿易や投資で得た価値も合計されているため、開放経済の経済活動はGDPで示されているということができる。もっとも、GDPは国内の経済活動を集計したものなので、国内の企業が外国で生産した財やサービス、あるいは自国国民が外国で得た所得は考慮されていない。この部分まで含めたのが国民総所得[4]である。

　一方、ある国と外国との間で発生する経済取引に関するすべての収入と支出を記録したものが**国際収支**である。総括すると、開放経済の下での国民の経済活動を把握するのが国内総生産と国民総所得であり、国内と外国との間の資本や商品・サービスなどの取引による収支を示すのが国際収支ということになる。

8.2　国際収支統計

8.2.1　国際収支とは何か

　私たちはお金の出入りを家計簿、小遣い帳や預金通帳などで記録し、管理している。同じことが国についても行われている。ある国が外国との貿易や資本移動、サービスの提供などを通じて、ある国に入ってくる（受け取る）金額（資産の増加）と、出ていく（支払う）金額（資産の減少）とを記録するのが国際収支であり、その差額（受け取り － 支払い）が収支となる。そして、この国際収支を表す表が国際収支表であり、一般的にはある国の1年間の国際収支をまとめたものである。そして、次節で説明されるように、国際収支は経常収

3）GDPはGross Domestic Productの略称で、一定期間内に国内で産出された付加価値の総額で国の経済活動状況を示す。

4）略称はGNI（Gross National Income）で、国内総生産（GDP）に海外からの所得を加えて、海外に対する所得を差し引いたもの。一国の企業などを含む国民全体が、一定期間に受け取った所得の総額を示す。

122　第Ⅱ部　国際金融

支、資本移転等収支、金融収支、誤差脱漏で構成される。

　国際収支表の作成においては、国際通貨基金（IMF）が国際的に順守すべき枠組みとして国際収支マニュアル[5]を公表している。このマニュアルに基づき、日本の国際収支統計は2014年に様式が見直され、それまでの「投資収支」の項目がなくなり、「金融収支」に包含された。また、「所得収支」、「経常移転収支」の項目は各々「第一次所得収支」、「第二次所得収支」に名称変更され、符合も逆になるなど大きな変更がなされた。

　国際収支表は、ある国の経済活動における収入と支出を集計し、その国の国際収支の状況を示すものであるため、ある国の経済活動を分析し、その国の経済力や産業の競争力を評価するための重要な指標となっている。例えば、ある国の貿易収支が赤字である場合は、その国の競争力が低下している可能性がある。

8.2.2　国際収支表の仕組み

　国際収支は、経常収支、資本移転等収支、金融収支、**誤差脱漏**から構成される（**図8.1**）。このうち**経常収支**は貿易・サービス収支、第一次所得収支、第二次所得収支の合計から成っており、金融収支に計上される取引以外の、居住者・非居住者間で債権・債務の移動を伴うすべての取引の収支状況を示すものとなっている。

　経常収支のうち、**貿易収支**は輸出と輸入で構成され、商品（モノ）の取引が計上される。**サービス収支**は、輸送、旅行、金融、知的財産権等使用料といったサービス取引の受け取りと支払いの差である収支を示す。輸送には国際貨物、旅客運賃の受け取りと支払いが含まれ、旅行には訪日外国人旅行者と日本人海外旅行者の宿泊費、飲食費等の受け取りと支払いが含まれる。また、金融には有価証券売買等に係る手数料等の受け取りと支払いが、そして知的財産権等使用料には特許権、著作権等の使用料の受け取りと支払いが含まれる。

　経常収支のうち**第一次所得収支**は、対外金融債権・債務から生じる利子・配

5）BPM ともいい、Balance of Payments and International Investment Position Manual の略称。

図 8.1　国際収支の構成

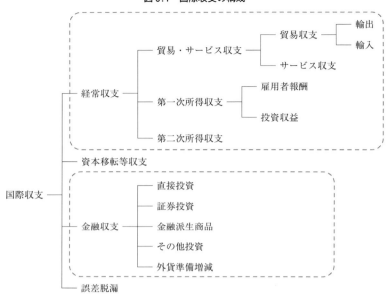

当金等の収支状況を示すものである。具体的には、親会社と海外の子会社などとの間の配当金・利子等の受け取りと支払いを示す**直接投資収益**、株式配当金および債券利子の受け取りと支払いを示す**証券投資収益**、そして貸付・借入、預金等に係る利子の受け取りと支払いを示す**その他投資収益**などが含まれる。

　経常収支のうち**第二次所得収支**は、居住者と非居住者との間の対価を伴わない資産の提供に係る収支状況を示すものである。官民の無償資金協力、寄付、贈与の受け取りと支払いなどを計上する。

　次に、**資本移転等収支**であるが、対価の受領を伴わない固定資産の提供、債務免除のほか、非生産・非金融資産の取得処分等の収支状況を示すものである。例えば、日本政府が相手国に対して行う対価を伴わない無償の資本財の援助（例えば道路や橋、港などのインフラ整備）のことである。

　上記の収支項目のうち、資本移転等収支と第二次所得収支はいずれも対価を伴わない資金移動となっていて紛らわしい。しかし、援助が国際機関への拠出や出資、食料品や日用品といった消費財の場合は第二次所得収支に分類され、

援助が道路や港湾など資本財の場合は資本移転等収支に分類されることになっている。

　最後に、**金融収支**は、金融資産にかかる居住者と非居住者間の債権・債務の移動を伴う取引の収支状況を示すものである。具体的には、**直接投資、証券投資、金融派生商品、その他投資**および**外貨準備**[6]の合計となっている。このうち金融派生商品とは、先物取引、オプション取引、スワップ取引などのこと[7]で、株式、債券、為替などの原資産から派生してできた金融商品である。また、「その他投資収支」とは、直接投資、証券投資、金融派生商品および外貨準備のいずれにも該当しない金融取引をすべて計上する項目である。具体的には、現・預金、政府借款、銀行・企業による貸付・借入金、保険・年金準備金の増減、貿易信用などが含まれる。

8.2.3　国際収支統計の特徴

　国際収支統計は複式簿記の原理で記載されるため、1つの取引が必ず借方と貸方の両方に記載され、両者が必ず同じ額になることが原則である。したがって、モノやサービスの取引である経常収支の記載とその決済という金融収支の記載は常にワンセットで行われる。ワンセットの記載なので、経常収支のプラスは同時に金融収支のプラスとなり、理屈上は経常収支と資本移転等収支を足した合計は金融収支と一致する[8]。

$$経常収支＋資本移転等収支 ＝ 金融収支 \qquad (1)$$

　複式簿記では、借方は左側、貸方は右側に記載される。しかし、国際収支表では、貸方は左側、借方は右側に書き、借方、貸方の記載は複式簿記とは左右逆となる。商品・サービスの輸出、所得の受け取り、資産の減少、負債の増加は「貸方」（Credit）に計上し、商品・サービスの輸入、所得の支払い、資産の

　6）外貨準備とは、各国の通貨当局の管理の下にあって、為替介入や他国への外貨建て債務の返済が困難になった場合などに用いられる対外資産を指す。

　7）詳細は第9章第9.3節デリバティブ取引を参照のこと。

　8）実際には誤差脱漏があり、合計は金融収支と一致しない。

第8章　国際収支と国際貸借　　**125**

表 8.1 国際収支表の記入例

	貸方	借方
貿易収支	（モノが出ていく取引） ①自動車輸出5,000万ドル	（モノが入ってくる取引）
サービス収支	（サービスが出ていく取引）	（サービスが入ってくる取引） ②外国旅行100万ドル
金融収支	（おカネが出ていく取引） ②外国旅行決済100万ドル（その 他投資） ③直接投資決済１億ドル	（おカネが入ってくる取引） ①自動車輸出代金5,000万ドル（そ の他投資） ③直接投資１億ドル

増加、負債の減少は「借方」（Debit）に計上する。すなわち、モノやサービスやおカネ（証券を含む）が出ていく場合は貸方（左側）に、モノ（証券を含む）が入ってくる場合は借方（右側）に記録する。国際収支表の具体的な記載例を挙げると以下のとおりである（**表8.1**）。

①日本のメーカーが自動車をアメリカに5,000万ドル輸出した。

　該当する項目は貿易収支のうち輸出であり、モノが海外に出ていく取引なので、貿易収支の貸方に5,000万ドルを計上する。一方、輸出代金が海外から入ってくるので、金融収支の「その他投資」項目の借方に5,000万ドルを同時に計上する。

②アメリカに外国旅行をした団体が旅行代金として100万ドルをアメリカに送金した。

　代金が支払いで海外に出ていくので、金融収支の「その他投資」項目の貸方に100万ドルを計上する。一方、アメリカで旅行を楽しみ、宿泊など関係するサービスを得たので、貿易収支の借方にサービス輸入として100万ドルを計上する。

③日本企業が外国の企業を買収し、１億ドルの直接投資を行った。

　海外の資産（企業）を得るので、金融収支の「直接投資」項目の借方に１億ドルを計上する。同時に、買収資金が海外に出ていくので、金融収支の「直接投資」項目の貸方に１億ドルを計上する。

126　第Ⅱ部　国際金融

図 8.2 世界：地域別経常収支

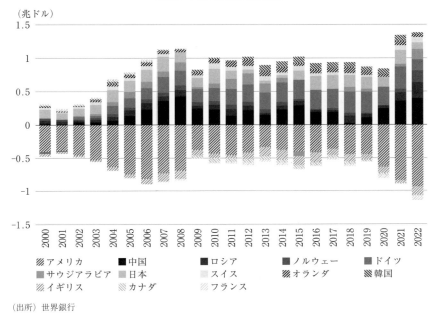

(出所) 世界銀行

8.2.4 国際収支のバランス

　世界では、ドル基軸国であるアメリカが最大の経常赤字を抱えており、アメリカ以外の多くの国では経常黒字の計上が経済成長の一原動力となっている（**図 8.2**）。とりわけ、日本は、毎年の経常収支黒字の積み上げによって対外純資産[9]残高が世界一となっている。このように、経常赤字を大きく増やし続ける国がある一方で、経常黒字を増やし続ける国があって2007-08年そして2021-22年に世界の経常収支不均衡（**グローバル・インバランス**）はピークに達した。

　2008年の後のグローバル・インバランスは、世界金融危機と世界経済の急減

9）一国の政府、企業と個人が外国に保有する資産から外国に保有する負債を差し引いたもの。

速を受けて横ばい状態が続き、そして世界GDPの拡大とともに縮小傾向となってきた。しかし、現在ふたたび世界に大きな経常赤字と経常黒字の国・地域がある状況が強まっている。もっとも、かつて世界全体の経常収支赤字の100％近くを占めていたアメリカの経常収支赤字ウエイトは減じており、現在ではイギリス、フランスなどが大きな経常赤字国となっている。また、アメリカの対外債務の多くは基軸通貨ドル建て債務であり、支払への懸念は少ない。一方で、主な経常収支黒字国は日本から中国、ドイツなどへと変化しながらも大きな経常収支黒字がある事態は変わっていない。

8.3　経常収支の説明モデル

8.3.1　国際貸借を意味する国際金融取引

　グローバル・インバランスを抑えるには各国の経常収支があまり不均衡にならないことが重要としても、経常収支は色々な要因で変動する。輸出をとっても、為替レートの変動が影響するし、どれだけ輸出できる生産力や産業競争力が国内にあるのかも欠かせない視点である。輸入も同様で、為替レートの変化が影響する上に、国際的な原油価格や穀物価格などの動きによっても大きく変動することになる。

　さらに、経常収支は別の要因でも変化するが、どのような構造的な要因が経常収支を変動させるのかを説明する理論は複数ある。

　そこで、まず国際金融取引について考察してみよう。ある時点において、一国の所得と消費や投資などの支出との間に差、すなわち貸し借りが生じたときに発生するのが国際金融取引であるということができる。すなわち、国際金融取引は国際的な貸借を意味することでもある。

　その上で、無償の取引である資本移転等収支と理屈上はないはずの誤差脱漏をないものとすると、経常収支と金融収支が一致することになる。この場合、輸入する以上に輸出することは、国際貸借としては対外的に貸付を行うことになる。このような輸出（貸付）は、自国が現在の消費を一時的にあきらめることで財が余剰となって可能となる。その代わりに、将来貸付の返済を受けることで将来の消費を充実させることができる。このような異なる時点で代替的な

128　**第II部　国際金融**

行為が発生することを**異時点間取引**と言う。

　異時点間取引の考え方を踏まえると、アメリカのような経常赤字国は、海外からの借入すなわち資金流入で現在の消費を充実させているが、将来には負債の返済をしなければならないことになる。すなわち、現在の消費を増大できているのは、将来の消費の一部をあきらめているからに他ならない。逆に、経常収支黒字国が資金の貸付をできるのは、現在の所得が現在の消費より多く、その差が貯蓄になっているからであり、それが貸し付けられることになる。

　現在の消費をあきらめて将来の消費の充実に充てるからには、現在の消費以上に将来の消費充実に期待があることになる。その期待のぶんを主観的割引因子と言い、貯蓄の利子率に相当する。一方、将来に消費することと比べて現在に消費することをどれだけ好むかを示すのが**時間選好率**である。時間選好率が高い人ほど将来にお金を残さず、すなわち貯蓄せず、低い人ほど貯蓄額は増える、すなわち将来にお金を残すことになる。

　投資では、現在得た利益で支払える配当を投資に回すと、そのぶん配当がなくなるが将来の生産量が増え、生産量増加のぶん将来の配当が増える。この資本の増加1単位で追加的に生産量が増加するぶんを**資本の限界生産力**と言う。追加的にお金を投資に回すには、資本の限界生産力が利子率に見合う資本量まで投資が行われる必要があることになる。

8.3.2　貯蓄投資バランス

　異時点間取引の考え方を経常収支に当てはめると、経常収支黒字が将来の生活を豊かにするために基本的に重要となれば、消費を抑えてでも輸出する理屈になる。この考え方を数式で示したのが、一国の経常収支はその国の貯蓄から投資を引いた額に決まるとする**貯蓄投資バランス**[10]である。

貯蓄投資バランス：
まず、国民所得（Y）は次のように表すことができる。

---

10) ISバランスともいい、ISは投資（investment）と貯蓄（saving）の頭文字をとったものである。

$$\text{国民所得}(Y) = \text{消費}(C) + \text{投資}(I) + \text{政府}(G) + (\text{輸出}(X) - \text{輸入}(M)) \quad (2)$$

簡略化して経常収支を輸出 (X) から輸入 (M) を引いたものとすると、(2)式は次のように変形できる。

$$\text{経常収支}(X - M) = (\text{国民所得}(Y) - \text{消費}(C) - \text{政府}(G))(= \text{貯蓄}(S)) - \text{投資}(I) \quad (3)$$

　ここで、国民所得 (Y) から消費 (C) と政府 (G) を引いた差は貯蓄 (S) に他ならず、経常収支は一国のある期間の貯蓄と投資の差に一致する。すなわち、経常収支は一国の経済取引による外国とのお金の出入りを示すが、(貯蓄 − 投資) と経常収支とが一致することを見ても、将来に消費することと比べて現在に消費することをどれだけ好むかを示す時間選好率と輸出と輸入の差である貿易収支との間には関係があることが分かる。

　貯蓄投資バランスの式からは、時間選好率が利子率よりも高い、すなわち、現在の消費が所得を超過し、将来の所得が消費を超過する場合には、現在において輸入が輸出を上回り、貿易赤字となる。そして、将来においては、消費が所得を下回って貿易黒字となり、その黒字が対外借入の返済に充てられることになる。

　一方、時間選好率が利子率よりも低い、すなわち、現在の消費が所得を下回り、将来の所得が消費を下回る場合には、現在において輸入が輸出を下回り、貿易黒字になる。そして、将来においては消費が所得を上回って貿易赤字となる。

　貯蓄投資バランスの見方でアメリカ、日本とドイツを見たのが**図8.3**である。アメリカを見ると、家計の貯蓄余剰よりも政府の貯蓄不足が大きい結果として、大きな経常収支赤字をもたらしている。日本は、政府に大きな貯蓄不足があるものの、それ以上に企業の貯蓄余剰が大きく、結果として経常収支黒字が維持されている。ドイツは、家計、企業、政府ともに貯蓄余剰となる年が多く、経常収支黒字を積み上げている。

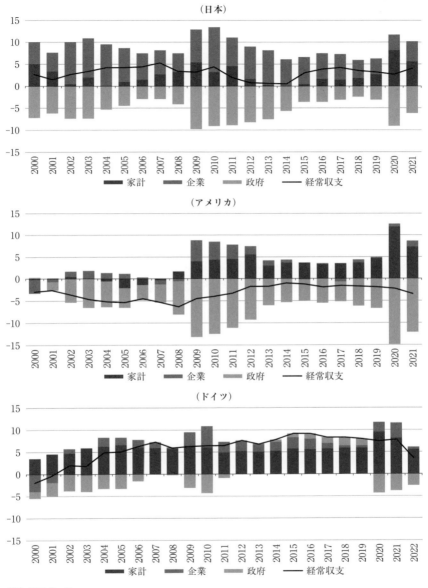

図 8.3 日米ドイツの貯蓄投資バランス

(注) GDP 比、%
(出所) OECD Annual National Accounts, "OECD Economic Outlook"

第 8 章 国際収支と国際貸借

8.3.3 経常収支の決定モデル

　貯蓄投資バランスは一国の経常収支を説明するモデルだが、それを含めて経常収支の動きを説明する主要モデルには以下のようなものがある。

① IS バランス・アプローチ

　経常収支を（貯蓄 − 投資）で説明するモデルであり、経常収支黒字は国内の消費・投資を一時的に諦めることで実現するとする。

② アブソープション・アプローチ

　経常収支を国内総生産（GDP）− 内需（消費 + 投資 + 政府）で測る考え方である。例えば、為替レートの切り下げは国内製品の価格競争力を高め、輸出が増えるので国内総生産が増加する。一方、為替レートの切り下げは輸入品の価格上昇も招いて消費減少につながることにもなるが、内需の増加が国内総生産の増加を上回らない限り、経常収支は改善する。同様に、国内物価[11]が上がって消費や投資を減少させることでも経常収支は改善しうる。

③ 弾力性アプローチ

　為替レートの変動が輸出量・輸入量を変化させて貿易収支を改善・悪化させるとする見方である。短期的に物価は変化しないと仮定すると、為替相場の動きで輸出入を説明することができ、為替レートが円高に動くと日本の輸出は減少し、輸入が増える。ただ、円高が必ず日本の純輸出を減少させるかは、為替レートの変化に輸出入の数量がどう変化するか（弾力性）に依存する。

④ マネタリー・アプローチ

　固定相場制の下では、貨幣市場の不均衡が経常収支の不均衡を生み出すとし、マネーの供給が増えると、余ったお金で輸入が増えて経常収支が赤字に

---

11) 本書で示す物価は、特に断りのない限り、一般物価を指す。一般物価とは、消費関連の物価である消費者物価などではなく、経済活動全体を網羅する包括的な物価を指す。

132 第Ⅱ部 国際金融

なるとする考えである。

　経常収支の変動を説明するモデルの多くは変動要因として消費や投資といった経済の需要項目を挙げる。そこで、これら需要項目と経常収支の関係について整理してみよう。

　まず、消費と家計貯蓄率である。消費が大きいと家計の貯蓄率は低くなる傾向にあり、消費が低いとその貯蓄率は高くなる傾向にある。その上で、貯蓄率の低い国は貿易赤字になって対外借入が多くなる傾向があり、貯蓄率が高い国は貿易黒字になって対外貸付が多くなる傾向にある。

　アメリカの場合、消費が大きく、同時に財政赤字が大きいことで当てはまりそうに見える。ただし、アメリカの家計の貯蓄余剰は大きいので、政府の貯蓄不足が問題ということになる。また、日本は、家計貯蓄率は高齢化もあって低いが、企業の貯蓄率が高いので経常収支黒字となっている。したがって、消費と家計貯蓄率が経常収支に及ぼす影響はあくまでも傾向として理解する必要がある。

　次に、投資とGDPである。現在の投資支出が増加すると将来のGDPの増加につながる。そのため、将来の所得の増加をあてにして現在借入を行って投資を増やすことになる。特に、資本の限界生産力が利子率よりも高い場合に利子率に等しくなるまで投資が行われることになる。この見方に基づくと、新興国は資本蓄積が途上にあることから資本の限界生産力は高く、投資が行われることから、GDPが高い成長率になるとともに貿易赤字となる傾向がある。

8.3.4　国際収支発展段階説

　いままでの経常収支の変動を説明するモデルや見方は、主として経済動向に依拠する短中期的なモデルと言える。一方で、一国の貯蓄・投資バランスを踏まえ、一国の発展と貯蓄の長期的変化に応じて国際収支の構造が変化するとする長期的な見方があり、代表的な見方が**国際収支発展段階説**（**表8.2**）である。

　国際収支の段階を示す方法として、国際収支項目のうち貿易・サービス、純利子収入（第一次所得収支）、純資本移動（金融収支）の3つで分類する方法がよく使われる。国際収支発展段階説はこれらの項目を使って経常収支の構造的

表 8.2 国際収支発展段階説：発展段階別の各収支項目の黒字赤字

	貿易収支	第一次所得収支	経常収支
第1段階　未成熟債務国	−	−	−
第2段階　成熟債務国	+	−	−
第3段階　債務返済国	+	−	+
第4段階　未成熟債権国	+	+	+
第5段階　成熟債権国	−	+	+
第6段階　債権取崩国	−	+	−

（注）− は収支赤字、+ は収支黒字

な動きを 6 局面に分けて説明しており、ジェフリー・クローサー（Geoffrey Crowther）が1957年に提唱したものである。

第1段階：未成熟債務国（$I > S$）
　　　　　貯蓄率は低く、経常収支は赤字で外国から資本を輸入する
第2段階：成熟債務国（$I > S$）
　　　　　貿易・サービス収支は黒字化するが、過去の債務の利子払いのため経常収支は赤字である
第3段階：債務返済国（$I < S$）
　　　　　経常収支は黒字化し、黒字が対外債務の返済に充てられる
第4段階：未成熟債権国（$I < S$）
　　　　　過去の債務返済が終わって第一次所得収支が黒字化し、経常収支の黒字で対外純資産がプラスになる
第5段階：成熟債権国（$I < S$）
　　　　　後発国の経済発展によって貿易・サービス収支は赤字化するが、投資収益がそれを上回って経常収支は黒字である
第6段階：債権取崩国（$I > S$）
　　　　　経常収支は赤字であり、貿易・サービス収支の赤字が拡大して対外債権の取り崩しおよび資本の輸入を行う

　国際収支発展段階説は、2000年初頭までのイギリス（成熟債権国）の国際収

支構造の変化をよく説明する。また、最近の日本も未成熟債権国から成熟債権国に移行しているように見える。しかし、すべての国がこのような直線的な経済発展プロセスを辿ることはない。しかも、イギリスも世界金融危機後には成熟債権国から未成熟債務国に逆戻りした局面となった。

第 8 章　国際収支と国際貸借　135

第 9 章

外国為替市場と為替レート

　海外と貿易や金融取引を行う場合、互いの通貨を交換して決済することになる。しかし、あらゆる国の通貨が国際的な取引で決済に使えることにはならない。大きなインフレなどで価値が不安定になっている通貨は、国際的な取引の決済に使うことには向いていない。また、海外からの投資を受け入れず、世界で流通していない通貨を輸出代金として受け取る企業もないであろう。

　こう見ると、国の通貨だからといって自動的に国際通貨として通用するのではないことが分かる。ある国の通貨が国際的な取引に広く使われるためには、その通貨を発行している国の政府や中央銀行の政策に信頼性があり、経済も安定していることや世界で広く流通する通貨であるといった条件が揃っていることが欠かせない。

　一般的に、通貨が国際的に使われる際の主な役割としては、ひとつには支払い手段としての役割がある。多くの国際取引では、国際通貨を**決済通貨**として決済が行われている。2つ目の役割としては、貯蔵手段として使用されることである。このような通貨の役割を**準備通貨**という。国際通貨は他の通貨と比べて価値の安定性が高く、それだけ外貨準備における準備通貨として保有しても通貨が弱くなるリスクを軽減することができる。

　また、国際通貨は、他の通貨との交換レートの基準としても使用される。このような通貨の役割を**基準通貨**というが、特にアメリカ・ドル（米ドル）は、世界の多くの通貨との交換レートが公表されており、基準通貨となっている。こう見ると、国際通貨とりわけ米ドルの相場の動きは、世界経済の動向を反映する指標としても有益と言える。

136　**第Ⅱ部　国際金融**

本章では、国際取引の決済時に発生する通貨交換に際して使われる外国為替レートについて学んでいく。外国為替レートとか外国為替市場あるいは国際金融市場などと聞くと、難しい先端的な仕組みが取り入れられた取引が金融プロフェッショナルの間で行われていると思う人も多いだろう。たしかに、そのような面はある。しかし、基本となる仕組みは何百年も前とそう変わらない。

9.1　外国為替市場の仕組み

9.1.1　外国為替の仕組み

　貿易など国際取引の決済に世界中で用いられる2国間の通貨の交換レートが**外国為替レート**であるが、なぜ外貨交換レートといった分かりやすい表現ではなく、外国為替という難しい用語を用いて表現しているのか考えたことがあるだろうか。それは、2国間の通貨を交換する場合、互いの通貨を持ち寄って交換することが往々にして難しいからである。小さい金額であれば当事者が持ち寄ることもできるが、市場で毎日交換されている多額の自国通貨と外国通貨を当事者がその場で現金で用意することなどできない。

　そこで登場するのが為替取引である。売買代金の受払いや資金の移動を、現金を輸送することなく行う手段が為替であり、その取引が為替取引である。為替とは本来「立替」や「交換」を指す言葉とされており、日本では江戸時代の大坂を中心に為替による取引が大きく発達した。

　当時、江戸の商人が大坂から商品を取り寄せようとしても、代金としての現金を大坂に運ぶとなると道中は結構物騒で、盗難などが懸念された。そこで、現金を持ち運ぶことなく代金を支払う方法として、江戸の商人は両替商に代金を渡して支払いを依頼した証書（為替手形）を発行してもらい、その手形を受取った大坂の商人が指定の両替商に持っていって代金を受け取ることが行われた。

　為替取引は内国為替取引と外国為替取引に分けられる。国内で行われる為替取引が内国為替取引で、送金のための銀行振込や公共料金等の口座引落しなどは内国為替取引の例である。現在、為替業務は銀行が行っている。日本の銀行は日本銀行に当座預金口座[1]を持っており、内国為替では全銀システム[2]を通

第9章　外国為替市場と為替レート　**137**

じて日本銀行の口座間で決済を行っている。

　一方、通貨が異なる国との間で行われる為替取引が**外国為替取引**である。外国為替では、内国為替で日本銀行と全銀システムが果たしている役割を果たす中央銀行等の組織がない。そこで、日本の銀行は、海外の銀行と個別に契約を結び、SWIFT（スイフト）[3]というネットワークシステムを使って外国為替取引を行っている。

　通常、国内と海外の銀行の間で送金の支払委託や手形の取立依頼、信用状の授受、決済勘定などについて予め取り決めた契約を**コルレス契約**という。そして、コルレス契約を結び、別の銀行のために決済を代行する銀行をコルレス先あるいはコルレス銀行といい、海外の銀行に開設する為替決済のための預金勘定をコルレス勘定という。

　外国為替取引では、海外の銀行に開設したコルレス口座に入出金することで決済される。例えば、日本のＡ銀行がニューヨークのＢ社に１万米ドルを送金する場合、Ａ銀行はニューヨークにあるアメリカのＣ銀行に連絡し、Ｃ銀行にあるＡ銀行の預金口座から１万米ドルを引き出してＢ社の口座に入金するように依頼する。この口座間の振替で、現金を送ることなしに送金が行われることになる。Ａ銀行が預金口座を持っていないアメリカのＤ銀行に送金したい場合には、Ｄ銀行に預金口座を持つＣ銀行に立替え払いをしてもらい、Ｃ銀行にあるＡ銀行の預金口座からそのぶんを引き落とすことで決済する。

　コルレス勘定は、通貨別に各国の銀行に設けられている。例えば、米ドルであればニューヨークに所在するアメリカの銀行、英ポンドであればロンドンに所在するイギリスの銀行に口座が開設される。

1）現金の代わりに、支払われた手形や小切手の決済をするための預金で、公共料金の自動支払いや株式配当金などの自動受け取りといった機能がある。
2）全銀システムについては第8章を参照。
3）スイフト（Society for Worldwide Interbank Financial Telecommunication SC）とは、参加銀行間の国際金融取引に関するメッセージをコンピュータと通信回線を利用して伝送するネットワークシステム。

9.1.2 外国為替市場

通貨の売買が行われる場が**外国為替市場**である。外国為替市場は、世界中の金融機関、企業、個人投資家などが参加する巨大な市場であり、24時間営業している。この市場は、外国為替取引における価格決定の場として機能しており、世界中の通貨間における為替レートが形成されている。

外国為替市場には、銀行と顧客との間で外国為替取引が行われる**対顧客市場**と、銀行間の外国為替取引が行われる**インターバンク市場**がある。対顧客市場での顧客は、外国との間で財・サービスを輸出・輸入する輸出入業者や企業、個人である。個人が海外に旅行するに際して銀行窓口で円通貨を外貨に交換したりするのは対顧客市場での取引である。

一方、インターバンク市場の主な参加者は銀行と外国為替ブローカーであり、銀行は、顧客との取引や自己の外国為替の資金残高や外国為替を取り扱う金融機関における外国為替売買の残高を示す持高を調整するために銀行間で外国為替の売買を行う。外国為替ブローカーは、銀行からの売買の注文を受けて市場で売買を成立させる仲介業務を行う。また、外国為替レートが急激に変動して経済に大きな支障をもたらすとみられるときには、政府や中央銀行などの通貨当局が市場に介入して通貨の売買を行う場合がある。

外国為替市場では、従来の株式市場や商品市場のような常設の建物や場所はない。インターバンク市場では、取引は主として取引相手どうしが直接交渉し、互いに合意した価格で取引が成立する市場である**店頭市場**（**オーバー・ザ・カウンター市場、OTC市場**）で行われる。店頭市場での売買は当事者どうしの1対1で行われ、取引方法や価格、決済方法の詳細なども当事者間で決定される。取引所を介さずに直接に取引を行うことで、取引所への発注の手間が省かれ、大量の売買が行われることもある。

インターバンク市場での取引のうち、銀行間で直接取引を行うことを**直取引**（**ダイレクト・ディーリング**）と言うが、従来は主として外国為替ブローカーが銀行や証券会社の間に立って、外為売買を電話で仲介していた。現在では、コンピュータ・システムが取引を仲介する**電子ブローキング取引**が大きな割合を占めている。

国際決済銀行（BIS）[4]の調べによると、世界の外国為替取引は2022年現在で

１日平均7.5兆米ドルに上っており、主要通貨別では米ドルが取引全体の44％、ユーロが15％、円が８％と米ドルの割合が大きい。市場としては、国際金融市場ロンドン・シティを擁するイギリスが１位で一番大きく38％となっており、次いでアメリカが19％、シンガポールが９％、香港が７％、そして日本は第５位の４％となっている（**図9.1**）。

9.2 外国為替取引と外国為替レート

9.2.1 直物為替取引と直物レート

外国通貨１単位に対する自国通貨の交換比率を示す表示方法が**自国通貨建て**（邦貨建て）で、「ドル円レートは１米ドル100円」などと表す。反対に、自国通貨１単位に対する外国通貨の交換比率を示す表示方法が**外国通貨建て（外貨建て）**で、「円ドルレートは１円0.009524米ドル」などと表す。したがって、私たちが毎日ニュースで見聞きしている１米ドル145円50銭といった為替レートは、自国通貨建てのドル円レートということになる。自国通貨建てが使われるか、外国通貨建てが使われるかは国によって異なっている。多くの国では、日本と同様に自国通貨建ての表示が一般的である。アメリカでは自国通貨建てと外国通貨建てが混在しており、例えばドル円レートは１米ドル145円といった具合にアメリカにとっては外国通貨建てで表示することが多い。イギリスとオーストラリア、ニュージーランド、カナダといったイギリス連邦の国々では外国通貨建て表示が多く使用されている。

外国為替取引には、直物為替取引、先物為替取引、デリバティブ取引など内容に応じていくつもの取引の種類がある。このうち、原則として通貨を売買することを契約した日（約定日）から２営業日後に受け渡しが行われる取引が**直物為替取引（直物取引、スポット取引）**である。一方、直物為替取引より先の日

4）国際決済銀行（Bank for International Settlements：BIS）は、中央銀行間の協力促進や金融システムの安定化を目的として、1930年に設立された中央銀行をメンバーとする組織。"Triennial Central Bank Survey 2022" は、52か国・地域の1,200以上の金融機関の協力を得て国際決済銀行が３年毎に行っている調査で、外国為替における世界の店頭（OTC）市場の規模に関する最も包括的な調査となっている。

140 第Ⅱ部 国際金融

図 9.1 世界の外国為替取扱高

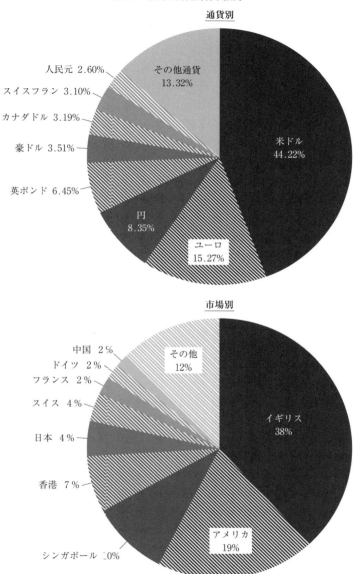

(注) 2022年
(出所) 国際決済銀行、"Triennial Central Bank Survey 2022"

に受け渡しが行われる取引が**先物為替取引**である。

　直物為替取引で使う交換レートが**直物レート**（直物相場）である。日々ニュースなどで目にする円とユーロなどの為替レートは直物為替取引で使う直物レートである。直物レートは**スポット・レート**ともいい、外貨の買値を示す**ビッド・レート**と売値を示す**オファー・レート**がある。外貨を安く買うビッド・レートと外貨を高く売るオファー・レートの差が売買を仲介するブローカー等の収益となる。新聞やニュースではドル円レートとして「145円10銭から145円15銭」といった表現がされているが、この表記は為替レートの変動幅を示すものではない。ビッド・レートとオファー・レートを示したものである。ドル円レートの場合、小さいほうの金額が１ドル（外貨）を買い手の金融機関が売り手の金融機関から買い取る際の円価格を示すビッド・レート、大きいほうの金額が１ドル（外貨）を売り手の金融機関が買い手の金融機関に売る際の円価格を示すオファー・レートである。

　ビッド・レートもオファー・レートもインターバンク取引に適用される為替レートである。企業・個人が銀行等の窓口で外貨を売買する対顧客取引の為替レートには**電信買相場**（T.T.B.）と**電信売相場**（T.T.S.）が適用される。この電信売買相場の電信とは、電信送金のことであり、売買が現金を介在せず、銀行預金間で即座に行われることを意味する。

　電信売買相場には、その中間に基準となる仲値[5]がある。この仲値と電信買相場、仲値と電信売相場の差（スプレッド）は銀行等の収益となり、その幅はインターバンク取引よりも大きい。米ドルの場合、仲値から１円引いたものが電信買相場（T.T.B.）であり、１円足したものが電信売相場（T.T.S.）である。

　同じ対顧客取引の為替レートでも、旅行などで使う外貨を両替するときの為替レートには外国通貨売買相場が適用され、一般的に仲値から３円引いたものが米ドルの買相場（外国通貨買相場）、３円足したものが米ドルの売相場（外国通貨売相場）となる。外国の現金通貨の売買は、インターバンクでの売買に比べて金額が小さく、手間がかかる。そのぶん、仲値と外国通貨売買相場との差

　5）インターバンク市場の為替レートを参考にして各金融機関が独自に決定する為替レートで、電信売買相場の基準となるもの。T.T.M.ともいう。

142　第Ⅱ部　国際金融

すなわち為替手数料は電信売買相場よりさらに大きくなっている。

9.2.2　先物為替取引と先物レート

　先物為替取引は、**フォワード取引**あるいは**先渡取引**とも呼ばれ、通貨を売買することを契約した日（約定日）から２営業日以降、すなわち直物取引の期日を超える日に、契約時に定めた条件（受渡期日、外貨種類、金額、レート等）で受け渡しが行われる外国為替取引である。

　例えば、ある日本企業がアメリカで商品を販売する場合、売れたときには為替レートが変動し、商品代金として得た米ドルを円換算すると損失が出る可能性がある。そこで、あらかじめ決めた為替レートでドルを購入する先物為替取引を利用すれば、円換算した販売代金を事前に確定することができ、為替レート変動による損失を回避することができる。

　先物為替取引に使う交換レートが**先物レート**（フォワード・レート）であり、取引される２通貨の金利差を反映して計算される。

【受渡期日が１年後の先物レートの計算例】

　直物レート：１米ドル＝100円

　円金利（１年物金利）：１％

　米ドル金利（１年物金利）：５％

　運用する円資金：100万円

①１年間、100万円を円で運用した場合の元利合計額は100万円に１万円（100万円×１％）の金利が加わって101万円になる。

②一方、１年間、100万円を直物レートで米ドルに転換して運用した場合の元利合計額は１万米ドル（100万円÷100円／米ドル）に500米ドル（１万ドル×５％）の金利が加わって元利合計額は１万500米ドルになる。

③円と米ドルのいずれで運用しても同額になる為替レートは１米ドル＝96円19銭（①101万円＝②10,500ドル×Y、Y≒96.19円）と計算され、これが１年

後の先物レートになる。

　上記の例で、円金利＞米ドル金利だと円が安くなり、円金利＜米ドル金利だと円が高くなるのは、円で運用しても米ドルで運用しても同じ収益になるように先物レートが調整されるからである。

　直物レート（100円）と先物レート（96円19銭）の差額のことを**直先スプレッド**という。直物レートを e、先物レートを f、自国金利を i、外国金利を i^* とすると、金利差が $(i-i^*)$ の下での直先スプレッドは

$$直先スプレッド = \frac{先物レート(f)-直物レート(e)}{直物レート(e)} \tag{1}$$

と表される。そして、先物レートと直物レートの関係は以下のように表される。

$$先物レート = 直物レート \pm 直先スプレッド \tag{2}$$

　外国通貨の金利が自国通貨の金利より高い場合 $(i < i^*)$ には、直先スプレッドがマイナスとなって先物レートが直物レートよりも低くなる。外国通貨が米ドルで自国通貨が円とすると、将来的に米ドルが安くなると予測される状態なので、これを米ドル**ディスカウント**／円**プレミアム**という。一方、米ドルの金利が円の金利より低い場合 $(i > i^*)$ には、直先スプレッドがプラスとなって先物レートが直物レートよりも高くなる。これは、将来的にドルが強くなると予測される状態なので、ドルプレミアム／円ディスカウントとなる。

　なお、実際の直物レートのドル円レートの動きが円金利と米ドル金利の関係から計算される先物レートとは異なることがある。円金利 ＞ 米ドル金利であれば、短期的には金利が高い円に魅力がついて円高（ドル安）となる可能性がある。一方、円金利 ＜ 米ドル金利であれば、短期的には金利が高い米ドルに魅力がついて円安（米ドル高）となる可能性がある。

9.2.3　実効為替レートと実質為替レート

　外国為替レートには、市場で売買される直物レート、先物レート以外にも複

表 9.1　主要な為替レート

	内　　容
直物為替レート	外国通貨と自国通貨の売買において、売買契約成立と同時に、または 2 営業日後に受渡しを行う直物取引に適用される相場
先物為替レート	将来の特定日ないし一定期間後に、契約時に定めた一定条件で外国通貨と自国通貨の売買を行う先物為替取引に適用される相場
名目為替レート	2 通貨間の交換レート
実質為替レート	名目為替レートに当該通貨国間の物価水準の違いを考慮して計算される為替レート
実効為替レート	1 国の通貨につき、主たる貿易相手国の通貨との為替レートを、それらの国との貿易割合で加重平均して算出した為替レート。名目実効為替レートと、当該通貨間の物価の違いを考慮して計算される実質実効為替レートがある。
購買力平価	2 国間の物価を同じくする為替レート

数の為替レートの種類がある（**表9.1**）。2 通貨間の交換レートを示す為替レートが**名目為替レート**であり、直物レートは代表的な名目為替レートである。名目為替レート以外にも、名目為替レートから当該通貨国間の物価水準の違いを考慮して計算される実質為替レート、複数の外国通貨に対する自国通貨の為替レートを示す実効為替レート、あるいは海外の物価と国内物価を同じくする為替レート水準を示す購買力平価などがある。

　このうち、**実効為替レート**は、通貨を複数の他通貨と比較するときに用いる為替レートである。実効為替レートには**名目実効為替レート**（NEER）と**実質実効為替レート**（REER）がある。このうち名目実効為替レートの算出は、ある国の通貨と主要通貨との間の為替レートを、一定時点を基準に指数化し、それぞれの通貨を発行する国・地域との貿易額に応じて指数を加重平均して計算する。実効為替レートの数値が高いほど通貨価値が高く、数値が低いほど通貨価値が低いことを示す。例えば、円は、米ドル、ユーロ、中国・人民元、韓国・ウォン、オーストラリア・ドルなど複数通貨に対する為替レートが存在する。そのうち、1 つの通貨と円との交換レートだけ見ても、円の主要通貨全体に対しての価値は分からない。円の国際的な通貨価値は、米ドルといった 2 国間の為替レートで比較するだけではなく、その他の主要通貨との交換レートも加味する実効為替レートで測ることができる。

　実質実効為替レートは、名目実効為替レートから対象通貨の国・地域の物価

第 9 章　外国為替市場と為替レート　**145**

変動と自国の物価変動の比を乗じて通貨間の価格変動の影響を取り除いて算出した実効為替レートである。名目実効為替レートは、特定の二通貨間の為替レートを見ているだけでは捉えられない総合的な為替レートの変動を見るための指標であるのに対して、実質実効為替レートはその国の通貨の価値を示す指標と見ることができる。

実質実効為替レートに似た為替レートに**実質為替レート**がある。実質為替レートは、名目為替レートに物価の変化を考慮に入れて実質化した為替レートである。実質為替レートは、自国と外国の価格競争力を評価する際に使われる指標であり、ドル円についての実質為替レート（ε）は、名目為替レート（e）にアメリカの物価（P^*）と日本の物価（P）の比を掛けて計算される。

$$\varepsilon(\text{実質為替レート}) = e(\text{名目為替レート}) \times P^*/P \qquad (2)$$

実質ドル円レートが1であれば日米物価は等しく、1より大きければ（小さければ）物価は日本のほうが低く（高く）、日本の価格競争力が向上（低下）していることを意味する[6]。例えば、日本製品の価格上昇率がゼロで、アメリカ製品の価格上昇率が10％であれば、名目のドル円レートが変化しない場合にはアメリカ製品は割高になるため、日本製品の対米価格競争力は10％改善する。

物価は日米で同じで実質ドル円レート ＝ 1の場合
　… 価格競争力は同じ
物価は日本のほうが低く、実質ドル円レート ＞ 1の場合
　… 価格競争力は日本が向上
物価は日本のほうが高く、実質ドル円レート ＜ 1の場合
　… 価格競争力は日本が低下

実質ドル円レートは実質実効為替レートと比較的合致することがある。実質

6）実質ドル円レートの変動は、日本の購買力の増加・減少を意味することでもある。1より大き（小さ）ければ、同じ円金額でより多くの（少ない）米ドル商品を購入できるようになり、それだけ日本の購買力が増加（減少）したことになる。

実効為替レートは貿易額などに基づいて日本の主要貿易相手国の2国間実質為替レートを加重平均した指数であり、対象国（通貨）はアメリカ（米ドル）に限らないが、円レートが対米ドルのみならず他の主要国通貨に対しても同じように通貨高ないしは通貨安となる時期には、対米ドルの円実質為替レートは実質実効為替レートに近似することになる。

9.3　デリバティブ取引

9.3.1　先物取引

デリバティブ取引とは、株式、債券、金利、外国為替など原資産となる金融商品から派生した金融派生商品（デリバティブ）を対象とした取引であり、このうち外国為替（通貨）を対象とした取引が外国為替のデリバティブ取引である。外国為替のデリバティブ取引は、外国為替の直物取引と違って、取引時に外貨の実際の売買は行われない。外貨を決められた期日に一定の価格で取引する権利や義務をあらかじめ約束（契約）だけする取引である。

円の為替レートは、変動で将来円高に動くこともあれば、円安に動くこともある。ドル円レートについてデリバティブ取引を行うことは、円安に動くと予測される将来時点の米ドルを買い、円を売ることを決めることである。すなわち、デリバティブ取引の目的は、将来的に為替レートがどのように変動するかを予測し、その変動に基づいて利益を得ることにある。ただし、予測が外れると損失を被るリスクもある。

代表的な外国為替のデリバティブ取引としては、**先物取引**、**スワップ取引**、**オプション取引**の3つがある[7]。このうち先物取引には、商品が定型化されており、限月と呼ばれる将来の一定の期日に、今の時点で取り決めた価格で通貨を取引所で売買し、生じる損益だけを受け渡す（差金決済する）**通貨先物取引**

7）「国際収支統計 項目別の計上方法の概要」（日本銀行）では、国際収支の金融派生商品には「オプションのプレミアム・売買差損益、新株予約権等、先物・先渡取引の売買差損益、通貨スワップの元本交換差額、スワップ取引の金利・配当金・キャピタルゲイン等を計上する」としている。

（フューチャーズ取引）が該当する。紛らわしいが、通貨先物取引は先物為替取引とは別な取引形態である。

　差金決済とは、受け渡し日に通貨の受け渡しを行わずに、売却金額と購入金額の差額だけの授受で決済する方法である。例えば、1米ドルが100円のときに、A企業が1万米ドルを100万円で買って決済日に1万米ドルを売る通貨先物取引をしたとする。ただし、買ったときに米ドルと円の授受はなく、決済日に1米ドルが110円になっていたならば、そのときに、A企業は買ったときとの差額の110万円 −100万円 ＝ 10万円だけを受け取るのが差金決済である。

【通貨先物取引の例】
ドル円先物を使って1米ドル ＝ 145.50円で1万米ドルぶん米ドル買い・円売りした。決済日に、直物価格が1米ドル ＝ 150円へと円安になった。

①米ドル買い・円売り時：先物取引なので、売買代金の支払い・受け取りは発生しない。ただし、米ドルで1万ドル買い、円で1万米ドル ×145.50円 ＝ 145万5000円払うとの取引金額になる。

②米ドル売却・円買戻し時：米ドルで1万ドル売り、円で1万米ドル ×150円 ＝150万円を得た取引金額になる。

③清算は差金決済なので、150万円 −145万5000円 ＝ 4万5000円[8]が利益になる。

　なお、通貨先物取引と混同されやすいのが先物為替取引（フォワード取引、先渡取引）である。同じ先物という言葉が使われ、また、いずれも将来の特定の期日に、契約時に設定した条件（外貨種類、金額、レート等）で当該通貨を売買することをあらかじめ約束して行う取引であるため、紛らわしい。しかし、通貨先物取引（フューチャーズ取引）と先物為替取引（先渡取引）の主な違いは

8）実際には差金決済額から取引コストを引いた額が利益となる。

148　第Ⅱ部　国際金融

表 9.2　先物為替取引（フォワード取引）と通貨先物取引（フューチャーズ取引）の違い

	先物為替取引 （フォワード取引、先渡取引）	通貨先物取引 （フューチャーズ取引）
取引の概要	将来の特定の期日に、契約時に設定した条件（外貨種類、金額、レート等）で当該通貨を売買することをあらかじめ約束して行う取引。	
取引の場所と形態	企業・個人と銀行が相対かつ現金決済で行う店頭取引。	取引所を介して差金決済で行われる取引所取引。
取引内容	取引単位や満期日など買い手と売り手の間で個別に決められる。	取引単位、取引の満期日、決済方法などが標準化されている。
途中解約	個別性が高い取引になるため、流動性は低く、期日前の反対売買は困難。	期日前の反対売買が可能。
取引リスク	取引には相手方が倒産等で売買に応じられなくなるリスク（カウンターパーティーリスク）がある。	取引所が取引の保護を行うため取引リスクは低い。

現金決済と差金決済にあり、加えて取引の場と契約の柔軟性にもある。通貨先物取引は取引所で行われ、金額や受け渡し時期などの契約内容が定型化されている。一方、先物為替取引は主に店頭市場で行われ、金額や受け渡し時期などの契約内容を相対で決めることができる。したがって、通貨先物取引のほうが、価格が分かりやすく、売買しやすいが、先物為替取引のほうが外貨の売り手と買い手のニーズに合わせた取引が可能である（**表9.2**）。

　先物為替取引（先渡取引）は、差金決済ではなく全額通貨の売り買いで現金決済することから、先物取引とは区別される。しかし、将来の売買を事前に契約するものであり、取引時に外貨の実際の売買は行われないのでデリバティブ取引である[9]。

　為替レートが変動することによって、損失を被るかもしれない可能性のことを**為替リスク**という。通貨先物取引を活用することで、為替リスクを回避し、将来の売り上げや利益を現時点で確定させることができる。例えば、日本のある企業が数か月後に多額の米ドル支払いがある場合に、通貨先物取引で手当てしておけば、数か月後の為替レートで損失が発生するのを回避することができる。

---

9 ）金融商品取引法 第 2 条22項 1 号では先渡取引をデリバティブ取引の一種として定義している。

第 9 章　外国為替市場と為替レート　　149

また、通貨先物取引は差金決済であるため、小さな金額で大きな金額の取引を行うことが可能である。そのため、通貨先物取引は投資の手段としても用いられている。

9.3.2　スワップ取引

外国為替の**スワップ取引**には、為替スワップ取引と通貨スワップ取引がある。**為替スワップ取引**は、直物為替の買いと先物為替の売り、あるいは直物為替の売りと先物為替の買いという逆の取引を直物と先物で同時に行う取引、または異なる期日の先物為替どうしの売買を同時に行う取引のことをいう。将来必要となる外貨を現在確定したレートで買う、逆に、将来不要となる外貨を現在確定したレートで売ることにより、為替リスクの回避などに活用されている。

【為替スワップ取引の例】
1万米ドルの直物為替を1米ドル145円で買う（＝145万円支払い）のと同時に、1万米ドルの先物為替を1米ドル150円で売り戻す（＝150万円受け取り）。
⇩
米ドルの直物買い／先物売りの為替スワップ取引により、直物レート（1米ドル＝145円）と先物レート（1米ドル＝150円）の差額の5円（150円−145円＝5円）の取引額（1万米ドル×5円＝5万円）を、取引相手から受け取ることになる。

一方、**通貨スワップ取引**は、異なる通貨間で、将来発生する金利と元本を交換する取引をいう。将来的に米ドル資金が欲しい企業と将来的に円資金が欲しい銀行が通貨スワップ取引を行うことで、互いに為替リスクを回避しながら必要な米ドル資金と円資金を得ることができる。

例えば、A企業が米ドル借入を、金利ともども B企業の円借入と交換したとする。すると、米ドルを借りた A企業は、為替リスクを回避して円で利息と元本返済を行うことで米ドル借入の利払いや返済を済ますことができる。一方、円借入を米ドル借入と交換した B企業も、為替リスクを回避しながら必要な米ドル資金を確保することができる。

150　第II部　国際金融

9.3.3 オプション取引

オプション取引とは、ある商品（為替）を将来の一定期日に、あるいは一定期間内に特定の価格で買うまたは売ることができる権利の売買を行う取引を言う。「将来売買する権利」を契約する点で、「将来の売買」を契約する先物取引とは異なる。そして、オプションの権利には、買う権利と売る権利の2種類があり、買う権利をコール・オプション、売る権利をプット・オプションという。

オプション取引は権利の売買であり、それを行使しなければならないということはない。例えば、1米ドル＝100円で買った権利（コール・オプション）を、1米ドルが90円になったときに行使する必要はなく、そのまま行使せず、コール・オプションのレートと市場レートのうち有利なレートで米ドルを買えばよい。ただし、行使の有無にかかわらず権利の購入価格（プレミアム）は払うことになる。

一方、コール・オプションの売り手は、買う権利を与えている者で、売る義務を負っている。同様に、プット・オプションの売り手も、売る権利を与えている者で、買う義務を負っている。したがって、「為替を買う権利（コール・オプション）」と「為替を売る権利（プット・オプション）」は一体のものではなく、別の権利である。当然、「コール（買う権利）を売る」ことと「売る権利（プット）を買う」ことは同義ではない。

オプションの権利行使の方法は、満期日にのみ行使可能なヨーロピアン・タイプと、行使期間中いつでも行使可能なアメリカン・タイプの2種類に大別できる。ヨーロピアン・タイプとアメリカン・タイプはオプションを利用する目的によって使い分けられるが、アメリカン・タイプは行使する期日を自由に選択できるので、自由度が高く、それだけ料率（プレミアム）も高くなっている。

また、オプション取引には、一定の価格（バリア価格）が設定されているものがあり、これをバリア・オプション取引という。バリア・オプション取引には、ノックイン・オプションやノックアウト・オプションなどがある。ノックイン・オプションとは原資産価格が一定のバリア価格に達しなければ無効、言い換えるとバリア価格に達することで初めて有効になるオプション取引で、ノックアウト・オプションとは原資産価格が一定のバリア価格に達すると無効に

なるオプション取引である。いずれも、通常のバリア価格条件がないオプション取引よりオプション・プレミアムは低い。

第10章

為替レートの決定理論

　為替レートは、国際取引を反映した外貨の需要と供給が一致する水準に決ま
る。では、外貨の需要と供給はどういうことで動くのだろうか。すぐ思い浮か
ぶのは輸出、輸入や投資家の外貨投資などでの外貨需要や外貨の売却だが、こ
れら以外にも海外投資や海外旅行のための外貨需要など実に多岐にわたって外
貨の売買が行われている。

　しかも、外貨の需要と供給は、直接モノやサービスなどを売買するといった
ことだけではなく、政策などによっても変化する。例えば、A国の中央銀行が
大胆な金融緩和策を発表して通貨の供給を大きく増やした場合の為替レートの
動きを考えてみよう。この場合、A国の通貨供給が他国の通貨供給よりも大き
く増えると、増えたぶんに応じて他国通貨に対してA国通貨の価値は下がる
（減価する）と考えられる。

　市場の変化も為替レートに影響する。例えば、A国で急速な景気悪化など経
済面での危機的な状況が起きて株価や不動産価格が暴落した場合、為替レート
はどのようになるだろうか。この状況では、A国に投資していた投資家は損を
し、投資先を損しない他国に変更する投資家も現れることとなろう。そうなる
と、A国通貨の需要が減る（売られる）とともに他国通貨の需要が増えて（買
われて）、A国通貨は安くなる（減価する）と考えられる。

　これらの例から分かるように、為替レートの変動すなわち通貨の需要と供給
の動きをもたらす要因としては、国際収支の動きに加えて、経済金融動向、財
政金融政策や投資動向などがある。さらに、政治・外交や社会の動向も国への
信頼感や安定度に影響を与えて外貨の需要と供給の変化と為替レートの変動に

第10章　為替レートの決定理論　　**153**

影響する。

　為替レートの変動要因は多くあるが、どのような要因で為替レートが変動しているのかを示す理論は複数ある。これらを**為替レートの決定理論**と言うが、いずれも統計データなどの数値で把握や観測が可能な経済金融要因を元に組み立てられている。本章では、為替レートの決定理論を学びながら、為替レートがどういう要因で変動するのかを見ていく。

10.1　為替レート決定理論の考え方

10.1.1　フロー・アプローチとアセット・アプローチ

　為替レートの決定理論には、大きく分けて、外貨の需要と供給に着目するフロー・アプローチと、内外資産の収益性の差に着目するアセット・アプローチの2つの考え方がある。

　フロー・アプローチは、ある一定期間に生じる経常収支、金融収支上での外為取引による外貨受取と外貨支払の金額をもとに為替レートが決定されるとする考え方である。資本移動が為替管理などによって規制されていた固定相場制度[1]時代の為替市場を背景に提唱された伝統的な理論である。

　国際収支では、外為取引は経常収支と金融収支で発生する。経常収支の変化が為替レート変動の要因となるのであれば、逆に為替レートが動くことで経常収支の変化をもたらすことにもなる。そこで、フロー・アプローチでは、外国から経済ショックがもたらされても、為替レートが変動することで国内経済への影響を抑えると考えられてきた。

【フロー・アプローチの考え方】

A国の経常収支がB国に対して赤字の場合、A国からB国により多くの支払いが必要となるためB国の通貨がA国の通貨以上に求められることになる。そのぶん、B国の通貨価値は上昇（増価）、A国の通貨価値は下落（減

---

1 ）固定相場制度については第11章を参照のこと。

154　第II部　国際金融

価）して、割安となったＡ国の財のＢ国への輸出は増え、割高となったＢ国の財のＡ国への輸入は減ることになる。こうして、Ａ国のＢ国に対する経常収支は改善することになる。

⇩

ある国の経常収支が赤字あるいは黒字の場合、為替レートが経常収支をバランスさせるように変動する。

　一方、**アセット・アプローチ**は、投資家が自国と外国の通貨、預金、証券などの金融資産について資産選択を行う結果、内外金融資産（ストック[2]）が均衡するところに為替レートが決まるとする考え方である。

【アセット・アプローチの考え方】

国際資本市場では、投資家が各種通貨建ての金融資産を保有し、市場の均衡が成立している。一時的に何らかの理由で金利、株価などが変化して均衡が崩れると、投資家は各種通貨建て金融資産の収益性を均衡させるように動き、それに応じて外貨が売買されることで為替レートが変動する。

　1970年代の変動相場制度[3]移行後、資本移動の活発化に伴って金融資産の取引が財・サービスの貿易決済を超えて飛躍的に増大してきた。この時代変化を映じて、短期的な為替レートの変動が大きくなり、為替レートによる国際収支の調整が不十分であることが明らかとなったことを説明するために生まれた考え方がアセット・アプローチである。現在の外為取引では、輸出・輸入などの経常取引やそれに伴う金融取引よりも、各国通貨建て金融資産の収益率の差を埋める裁定取引[4]が多くの割合を占めている。

2）経済学において、ストックとはある時点における経済活動の積み重ねた価値を表す。これに対して、フローはある期間における経済活動を表す。例えば、ある国のGDPはフローであり、その国の資産合計はストックである。

3）変動相場制度については第11章を参照のこと。

第10章　為替レートの決定理論　**155**

10.1.2　長期と短期の為替レート決定理論

　同じ財であっても、違う国どうしで同じ価格が自然に成り立っているとは限らない。しかし、その財を安い国で買い、高い国で売るという商品の裁定取引が生じることで、その財の価格は、違う国であっても、やがて1つの価格に収れんしていく。このように、財やサービスが自由に取引できる市場では、同じ財の価格は1つに決まるという法則が**一物一価の法則**である。

　一物一価の実現は、為替レートの調整やその他の価格水準の調整を通じて達成されるが、瞬時に行われるわけではない。一般的に、価格は短期では柔軟に変動しにくく（価格が硬直的、と言う）、長期ではより柔軟に変動しやすくなる（価格が伸縮的になる、と言う）[5]。為替レートの変動をもたらす要因の中でも、金利や株価といった動きが早い資産市場は短期で均衡し、モノやサービスの価格（財価格）は長期で均衡すると見ることができる。

　短期：価格が硬直的で財・サービス市場は均衡していないが、資産市場
　　　　（外為市場）だけが均衡する時点

　長期：価格が伸縮的で、資産市場だけではなく財・サービス市場も均衡す
　　　　る時点

　為替レート決定の理論は、それがどの位の期間の為替レート変動をよりよく説明しているかによって長期と短期に分けられる。長期では、財の裁定取引が十分に働くことから財価格は伸縮的であり、金融資産の需給も財・サービスの需給も均衡することになる。一方、短期では、財の裁定取引の効果が十分ではないので、価格は硬直的で財・サービスの需給は均衡しないが、金利裁定が働いて為替レートは調整されることになる。

　したがって、時間をかけて収束する2国間の物価差を対象とする理論は長期

4）裁定取引とは、同一の価値を持つ商品に価格差が生じた場合、割高なほうが売られ、割安なほうが買われることで両者の価格差が調整される取引のことをいう。

5）経済学では、企業が生産要素のうち資本投入量を変更できない短期では財価格には硬直性が見られ、資本投入量を変化させることができる長期では財価格は伸縮的になるとする。

の為替レートの決定理論となる。この長期における物価と為替レートの変動は強く関係することが知られており、代表的な長期の為替レート決定理論として財の内外価格差が為替レートの動きを決めるとする**購買力平価説**がある。

　一方、財の移動よりも早く移動する資本の取引を対象とする理論は一般的に短期の為替レートを表すものとなる。金融資本市場では、株式、債券などの取引が行われ、国内でも国外でも常に裁定取引が行われている。例えば、国内外で金利に差がある場合、金利が高い国に資金が流入し、金利が低い国からは資金が流出することが生じる。これによって、為替レートが動くことになる。そこで、裁定取引によって短期で均衡する金利が関係する**金利平価説**は、基本的に短期の為替レートの決定理論に分類される。

10.2　長期の為替レート決定理論

10.2.1　購買力平価

　個別の財における一物一価の法則を一般物価水準における一物一価の法則に拡張したものが購買力平価説であり、それによって決まる為替レートを**購買力平価**（PPP、Purchasing Power Parity）という。

　購買力平価のうち、異なる国の間で財が全体として同じ価格で購入できる水準として算出される為替レートを**絶対的購買力平価**という。一方、過去の一時点を起点として、その後の当該国間のインフレ格差から時系列的に物価を均衡させる為替レートを算出したものを**相対的購買力平価**という。ドル円レートを例にとると、絶対的購買力平価は日米の物価を同じにするドル円レートを指す。一方の相対的購買力平価のドル円レートは、例えば、1972年に変動相場制に移行したときといった、ある基準年のドル円レートが日米物価を同じくする為替レートだったと想定し、そこから日米の物価差に応じて為替レートが変化して現在に至っているとするものである。

【購買力平価の計算式】
①絶対的購買力平価に基づくドル円レート

$$\text{ドル円レート}(e_t) = (\text{日本の物価(円建て表示)}(P_t)) \tag{1}$$
$$/(\text{アメリカの物価(ドル建て表示)}P^*_t)$$

②相対的購買力平価に基づくドル円レート

基準時点のドル円レートを e_t、基準時点から1期後のドル円レートを e_{t+1}、基準時点の日本の物価を P_t、基準時点から1期後の日本の物価を P_{t+1}、基準時点のアメリカの物価を P^*_t、基準時点から1期後のアメリカの物価を P^*_{t+1} とすると、相対的購買力平価に基づくドル円レートは以下のようになる。

$$\text{基準時点から1期後のドル円レートの変化率}((e_{t+1}-e_t)/(e_t))$$
$$= \text{日本の物価上昇率}((P_{t+1}-P_t)/(P_t))-\text{アメリカの物価上昇率} \tag{2}$$
$$((P^*_{t+1}-P^*_t)/(P^*_t))$$

過去、日本の物価上昇率は大方アメリカの上昇率を下回ってきた。購買力平価の計算式によれば、相対的に物価上昇率が低い日本の円は長期的には円高に推移することになる[6]。実際、ドル円レートを例にとると、変動相場制となってからのドル円レートと日米物価水準との間にはコロナ禍以降を除くと概ね安定的に正の相関関係があり、購買力平価は為替レートの長期的な動向を説明できる部分がある（**図10.1**）。

しかし、ケネス・ロゴフ（Kenneth Rogoff）（1996）は、物価比として計算される購買力平価が実際の為替レートに反映される期間が、価格変化の硬直性を加味しても長すぎる、あるいは調整が不完全として、これを**購買力平価パズル**と呼んだ。

現実の経済では、一物一価の法則や購買力平価が成立しにくい要因は複数あり、日米の物価差で算出する対米ドルでの円の購買力平価と実際のドル円レートとの乖離につながっている。日米でそれぞれ貿易されない財（非貿易財）が生産されていて日米間で完全な裁定取引が起こりにくいことが要因のひとつで

6）ドル円相場とは1米ドルが円換算でいくらかを表す。したがって、円高とは数値が下落することを指し、円安とは数値が上昇することを指す。ドル円相場が100円から90円に下落する場合は円高であり、100円から110円に上昇する場合は円安という。

158 ｜ 第Ⅱ部　国際金融

図 10.1　ドル円相場：購買力平価の推移

（注）OECD は絶対的購買力平価、73年消費者物価基準は相対的購買力平価。
（出所）総務省、日本銀行、OECD

ある。また、自国と外国の消費者の嗜好に差があって同じ財でも価格への見方が異なることや、輸送費、関税障壁や非関税障壁により価格調整に摩擦があることも要因として挙げられる。

　加えて、企業は異なる市場では異なる価格を設定することがあり、この場合も購買力平価と実際のドル円相場が一致しない要因となる。このような、企業が海外市場の競合商品価格などに合わせて価格を設定する戦略を**市場指向価格形成**（PTM、Pricing to Market）という。例えば、日本とアメリカで同じ自動車を販売する場合、購買力平価に基づく為替レートで換算すれば、価格はほぼ同じになるはずである。しかし、実際には、同じ自動車でもアメリカでの販売価格が日本より高い場合もあれば、安い場合もある。これは、日本の自動車メーカーがアメリカ市場で競合他社の価格に合わせて価格を設定しており、PTM の影響を受けているためと考えられる。

10.2.2　バラッサ＝サミュエルソン効果

　生産性[7]の違いが為替レートに影響を与える点も、物価差で計算する購買力平価と実際の為替レートが乖離する理由となっている。これは、成長率が大きい途上国経済やかつての日本の経済状況を見ると理解できる。

　成長率が大きい途上国経済では、実質所得水準が上昇するほど相対的に物価水準も高くなるが、同時に為替レートが名目為替レートのみならず実質為替レートで見ても増価する傾向が観察される。また、かつての日本においては、輸出製品などの貿易財の生産性の高さを映じて、生産性が貿易財ほどには上昇していないサービス部門（非貿易財）の価格や賃金も貿易財部門と並行して上昇するという現象があった。このような、貿易財の生産性上昇が大きい国では、そうでない国と比べて相対的に物価が上昇するとともに実質為替レートも増価することを説明するのが**バラッサ＝サミュエルソン効果**である。

　バラッサ＝サミュエルソン効果の説明に当たってはいくつか仮定がある。

【仮定】

①財・生産要素市場で完全競争が成立している小国開放経済[8]を仮定する。

②貿易財と非貿易財が存在し、貿易財については一物一価の法則が成立している。

③貿易財部門の生産性の上昇率は非貿易財部門の生産性上昇率よりも相対的に高い。

④国際間における資本移動は完全自由である。

⑤各国において労働の総供給量は一定で、かつ労働力が外国から流入したり外国へ流出したりすることはない（すなわち労働力の国際間移動はない）。また、それぞれの国の労働市場において賃金はすべての労働者に等しく定まる。

7）生産性とは、ある財を生産するにあたり、どれだけ土地、労働、資本など生産要素が効率的に使われたかを示す指標であり、生産物の総量とそれを生産するのに要した生産要素の比で表される。

8）小国開放経済とは、外国との貿易や資本の流出入が自由で、その経済の動向が世界経済に殆ど影響を与えない大きさの経済を指す。

160　第Ⅱ部　国際金融

これらの仮定の下では、次のように説明される。

1．仮定②の一物一価の成立と、仮定③の貿易財部門（製造業）の労働生産性が非貿易財部門（サービス業）より大きく上昇することを踏まえれば、完全競争が成立している小国開放経済（仮定①）では、貿易財価格を所与とすると、労働生産性の上昇は貿易財部門の賃金を上昇させることになる。

2．貿易財部門の賃金が上がることで、非貿易財部門から貿易財部門への労働移動が生じ（仮定⑤）、労働需給を均衡させるため非貿易財部門にも賃金上昇圧力がかかることになる。しかし、非貿易財部門の労働生産性は上昇していないため、賃金上昇は非貿易財価格を上昇させて均衡する。

3．この結果、物価水準 P は上昇し、仮定④より、貿易財価格が共通であるため結果として非貿易財価格の2国間比で示される生産性上昇率の高い国の実質為替レートは1を下回って増価する。すなわち自国通貨高になる。

$$実質為替レート = e \times P^*/P \qquad (3)$$

（自国通貨建て為替レート $e \times$（（相手国の貿易財価格 P^*）/（自国の貿易財価格 P）））

　生産性が高い国の通貨は、高い物価上昇率と高い賃金水準によって相対的に割高になる傾向がある。他方、生産性が低い国は通貨安になる傾向がある。これは、高生産性の国では一般的に高い物価と給与水準が存在するため、その国の通貨が強くなるというバラッサ＝サミュエルソン効果のメカニズムを通じて説明される。

10.3　短期の為替レート決定理論

10.3.1　金利平価

カバー付き金利平価

　前節で述べたとおり、商品裁定取引に基づいて2国間の物価差から計算され

る為替レートが購買力平価であり、長期の為替レート決定理論として位置づけられている。一方、短期の為替レート決定理論は、自国と外国の金利や株価など短期で均衡する指標から計算するものであり、その代表的な理論は金利裁定取引に基づいて2国間の金利差から為替レートを計算する金利平価である。

金利平価は、為替リスク回避の有無によってカバー付き金利平価とカバーなし金利平価に分けることができる。このうち**カバー付き金利平価**とは、自国通貨建て資産で運用した場合の将来価値[9]と、外国通貨建て資産で運用した場合の自国通貨ベースでの将来価値が等しくなるように為替レートが決まることを保証するために、直物為替取引と先物為替取引を同時に行う理論である。

カバー付き金利平価では、為替リスクを先物為替契約で回避することによって、投資家はどの通貨であっても同じ収益を期待することができる。しかし、カバー付き金利平価が完全に成立すると、為替リスクは完全に回避されるものの、円で運用しても外貨で運用しても収益は同じになってしまうため、外貨で運用するメリットはないように見えるかもしれない。

しかし、ポートフォリオ[10]を多様化して異なる通貨と経済に投資することで、①投資先が多様化され、特定の市場や経済に依存するリスクが減少するとともに国内市場には存在しない金融商品にアクセスできること、②自国市場と外国市場の税制、取引コスト、資本規制などが同一ではないことから、外貨投資によって裁定取引の機会が生まれる場合があること、といったメリットがある。

カバーなし金利平価

カバーなし金利平価は、将来の為替レートが現在の為替レートと2国間の金利の差によって決まるとして、直物レートで外貨売買を行うものの先物レートでその反対の取引を行わない金利平価である。カバーなし金利平価の式と計算

---

9) 将来価値とは、現在保有している金銭や金融資産などの貨幣価値が将来いくらになっているかを算出したもので、現在の価値を元に、金利や収益率などを用いて将来の価値がいくらになるかを計算する。

10) ポートフォリオとは、株や債券、銀行預金などの金融資産をどのような組み合わせで持っているかという資産構成のことを示す。

図10.2 ドル円相場：直物為替レートとカバーなし金利平価の推移

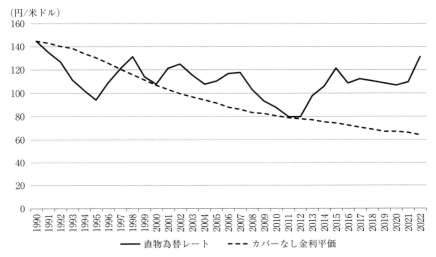

(注) カバーなし金利平価は1990年のドル円相場144円80銭が起点
(出所) OECD

例を示すと以下のとおりである。

【カバーなし金利平価の式と計算例】

$$1年後の予想ドル円レート(e_{t+1}) = 直物ドル円レート(e_t) \times \frac{(1+1年の円金利(i_t))}{(1+1年の米ドル金利(i^*_t))} \quad (4)$$

カバーなし金利平価は、2国間の金利差を解消するように為替レートが決まるため、金利の高い通貨は金利の低い通貨に対し将来的に減価すると考える。

しかし、カバーなし金利平価では、カバー付き金利平価とは異なって先物為替取引での反対取引は行わない。したがって、2国間の金利差に基づいて将来の為替レートを予想しても、将来の時点での直物レートが予想為替レートに等しくなる保証はなく、実際カバーなし金利平価が成立する可能性は低い（**図10.2**）。

金利平価の考え方によれば利子率が高い国の通貨は減価するはずであるが、

現実には利子率の高い国の通貨が増価することがある。このように、理論に反する実証的事実すなわち利子率が高い国の通貨が増価することを**先物プレミアム・パズル**と言う。

　実際、短中期的に主要国通貨を見ると、相対的に物価上昇率が大きく、金利も高い国の通貨が増価することが結構ある。金利が高く、通貨高が一定期間続くと見込まれるのであれば、為替リスクを回避せずに低金利通貨で資金調達し、相対的高金利の主要国通貨に投資すれば金利差益と為替益の両方を得られることになる。このような投資を**キャリー・トレード**と言う。

　2000年以降リーマン・ショックまで、低金利の円で調達した資金を金利の高いオーストラリア・ドル（豪ドル）に交換して運用する円キャリー・トレードが盛んに行われた。実際、当該期間の日豪金利差と豪ドル円レートの推移を見ると、カバーなし金利平価が成立していればもっと円高（円の増価）に動くべきところ、オーストラリア・ドルの金利が円金利を上回っていった時期に金利差拡大に応じて逆に円安（円の減価）に動いており、キャリー・トレードで利益を上げられる状況が続いていた（**図 10.3**）。

　キャリー・トレードの問題点は、カバーなしで金利裁定取引を行うため、為替レートが金利平価に沿って金利差を相殺するように動くと金利差益が見込めなくなる点にある。オーストラリア・ドルへの円キャリー・トレードでも、2011年以降の円レートは日豪金利差に追随するような動きになっていない。したがって、大きな為替リスクを負いやすいキャリー・トレードは、基本的には機関投資家やヘッジファンドなどが専門的な知見を生かして、収益源として、また資金調達・運用手法として活用するものと言える。

フィッシャー方程式

　ここまで学んできた金利平価は、名目金利と名目為替レートとの間に成立するものである。しかし、2国間の物価差を考慮した実質金利と実質為替レートとの間に成立する金利平価も計算することができる。

　既に説明したように、実質為替レートは名目為替レートを当該通貨国の物価水準で調整したものであるが、実質金利は名目金利から将来の物価に対する予想インフレ率を引くことで得られる。実質金利を r_t、名目金利を i_t、将来のイ

図10.3　豪ドル円レートと日豪金利の推移

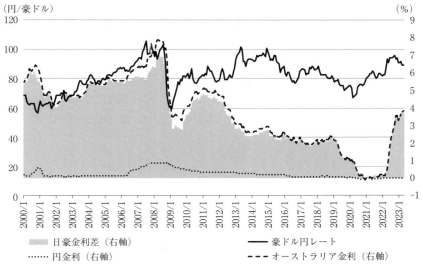

(注) 日豪金利はいずれも3か月金利
(出所) オーストラリア準備銀行、Refinitiv

ンフレ率（期待インフレ率）を π_{t+1} とすると、実質金利は以下のように表され、**フィッシャー方程式**と言われる。

$$実質金利(r_t) = 名目金利(i_t) - 予想インフレ率(\pi_{t+1}) \quad (5)$$

カバーなし金利平価が成り立つ場合、前記(4)式のとおり、2国間の金利差が為替レートの変化幅を決める。

$$1年後の予想ドル円レート(e_{t+1}) = 直物ドル円レート(e_t) \times \frac{(1 + 1年の円金利(i_t))}{(1 + 1年の米ドル金利(i^*_t))} \quad (4)$$

この(4)式にフィッシャー方程式(5)を代入すると、カバーなし金利平価は実質金利と期待インフレ率の差が為替レートの変化幅を決めることになる。

予想ドル円レート(e_{t+1}) ＝ 直物ドル円レート(e_t)

$$\times \frac{（1＋実質円金利(r_t)＋日本の期待インフレ率(\pi_{t+1})）}{（1＋実質米ドル金利(r^*_t)＋アメリカの期待インフレ率(\pi^*_{t+1})）} \quad (6)$$

　ここで、2国の実質金利が同じとすると、2国間の期待インフレ率の差が為替レートの変化幅を決めることになり、購買力平価の考え方と同じになる。こう見ると、カバーなし金利平価と購買力平価が同時に成り立つ場合には、内外の実質金利は同じになるということになる。

10.3.2　アセット・アプローチ

マネタリー・モデル

　短期の為替レート決定理論で近年重視されているのは、各国通貨建てで表示された金融資産ストックの需給から為替レートが決定されるとする**アセット・アプローチ**の考え方である。アセット・アプローチには、大きく分けて、貨幣市場を重視するマネタリー・モデルと、保有する外国通貨建てと自国通貨建ての金融資産割合をバランスさせる投資家行動に着目したポートフォリオ・バランス・モデルがある。

　このうち、**マネタリー・モデル**は購買力平価を応用した理論である。2国間の物価差が為替レートを決定するとするのが購買力平価だが、マネタリー・モデルでは、その物価が貨幣市場を通じて決定されるとする。

伸縮価格マネタリー・モデル

　マネタリー・モデルのうち**伸縮価格マネタリー・モデル**は、物価が伸縮的で購買力平価が短期的にも成立すると想定した上で、その一般物価水準が自国と外国の貨幣市場の均衡式で決定され（＝代替され）、為替レートが決まるとする。

166　　第II部　国際金融

貨幣市場の均衡式：

$$\text{実質貨幣残高}\left[\frac{\text{貨幣供給量 } M}{\text{物価 } P}\right] = \text{貨幣需要 } L(\text{実質所得 } Y \text{、名目利子率 } i \text{ の関数})$$

(7)

※貨幣需要 L は、実質所得 Y が増加すれば増加し、名目利子率 i が上昇すれば減少する関係にある。

【伸縮価格マネタリー・モデルの計算式】

　自国通貨建て為替レートを e、自国の物価水準を P、外国の物価水準を P^* とすると、自国と外国の間の物価差から算出される絶対的購買力平価の為替レートは次の式で表される。

$$\text{自国通貨建て為替レート}(e) = \frac{\text{自国の物価水準}(P)}{\text{外国の物価水準}(P^*)}$$

(8)

　ここで、貨幣市場の均衡式(7)を購買力平価式(8)に代入すると、伸縮価格マネタリー・モデルによる自国通貨建て為替レート（e）は、自国と外国の貨幣供給量 M および M^*、利子率 i および i^* と実質所得 Y および Y^* によって以下の式のように決まることになる。

$$\text{自国通貨建て為替レート}(e)$$
$$= \frac{\text{貨幣供給量} M \times \text{貨幣需要} L^*(\text{実質所得} Y^* \text{、名目利子率} i^*)}{\text{貨幣供給量} M^* \times \text{貨幣需要} L(\text{実質所得} Y \text{、名目利子率} i)}$$

(9)

　上記の式(9)から分かることは、まず、自国の貨幣供給量 M が増加すると、自国通貨は減価することである。また、自国の実質所得 Y が増加すると貨幣需要 L が増加し、自国通貨は増価する。さらに、自国の金利 i が上昇すると、資金を借りる動機が弱まって貨幣需要 L が減少し、自国通貨は減価する。

硬直価格マネタリー・モデル

　一般物価水準は短期的には硬直性があり、財やサービスの価格の調整速度は

第10章　為替レートの決定理論　**167**

瞬時ではない。伸縮価格マネタリー・モデルは短期的な一般物価水準の硬直性を考慮して、購買力平価を短期的にも成立すると想定するが、長期的にのみ購買力平価式が成立すると想定したマネタリー・モデルもあり、これを**硬直価格マネタリー・モデル**という。

　硬直価格マネタリー・モデルでは財やサービスの価格が瞬時に変化しないと仮定されるので、資産市場に影響を及ぼす事柄が発生すると、為替レートは短期的には購買力平価で示される為替レートから乖離して変動することが想定される。この乖離を**オーバーシューティング**といい、硬直価格マネタリー・モデルはこのような移行過程を含む為替レートの決定モデルということになる。

ポートフォリオ・バランス・モデル

　外国通貨建て債券への投資は自国通貨建て債券への投資と同じではない。それは、まずもって外国通貨建て債券への投資には為替リスクがあるからである。したがって、為替リスクを補うだけの収益率の上乗せぶんであるリスク・プレミアムがあって初めて投資家は為替リスクがある外国通貨建て債券に投資することになる。そして、投資家が為替リスクを補うリスク・プレミアムが高いと判断する場合には、その外国通貨への需要が増加し、通貨の価値が上昇する可能性につながる。逆に、為替リスクを補うリスク・プレミアムが十分ではなく、自国通貨建て債券に投資するほうが有利だと判断する場合には、自国通貨への需要が増加し、外国通貨の価値が下落する可能性につながる。

　このような投資家の投資態度を踏まえて、**ポートフォリオ・バランス・モデル**は、為替レートが、金利格差に加えてポートフォリオにおける為替リスクを補うリスク・プレミアムの影響を考慮して決まるとする考え方である。

【ポートフォリオ・バランス・モデルの計算式】

　ポートフォリオ・バランス・モデルは、金利差にリスク・プレミアムを加えたモデルであり、為替レートを金利差で説明するカバーなし金利平価の考え方を、リスク・プレミアムを加える形に拡張することになる。

現在時点を t 期、現在時点から 1 期先を $t+1$ 期とし、t 期の自国通貨建て直物

168　第II部　国際金融

レート（ドル円相場とする）を e_t、$t+1$ 期の直物レートの予想値を e_{t+1}、t 期から $t+1$ 期にかけての自国通貨建て（円）金利を i_t、外国通貨建て（米ドル）金利を i^*_t、リスク・プレミアムを ρ としたとき、リスク・プレミアムを考慮したカバーなし金利平価は以下のように表される。

$$
\begin{aligned}
&円金利(i_t)＋リスク・プレミアム(\rho) \\
&\quad = 米ドル金利(i^*_t)＋\frac{1期後の予想ドル円相場(e_{t+1})－ドル円レート(e_t)}{ドル円レート(e_t)}
\end{aligned}
$$

(10)

各投資家にとっては、円建て債券と米ドル建て債券の保有割合に応じて最適な保有比率（ポートフォリオ・バランス）が存在する。そこで、投資家が保有する円建て債券を B_t、米ドル建て債券を B^*_t として、この保有額の割合が現時点の為替レート e_t の下では最適な保有比率だとすると、この投資家の円建て債券とドル建て債券の最適な保有比率（ポートフォリオ・バランス）は次のように表すことができる。

$$
\frac{為替レート(e_t)×米ドル建て債券残高(B^*_t)}{円建て債券残高(B_t)}
$$

(11)

完全には同一ではない円建て債券と米ドル建て債券それぞれを保有する投資家にとって、付け加えられるリスク・プレミアムの大きさは、これら円・米ドル債券の保有割合で変化する。リスク・プレミアム ρ の大きさは、保有割合の変化によって変わるため、ポートフォリオ・バランス・モデルの式は以下のように書き換えることができる。

$$
\begin{aligned}
&円金利(i_t) \\
&\quad ＋ポートフォリオ・バランスを考慮したリスク・プレミアム(\rho×((e_tB^*_t)/(B_t))) \\
&\quad = 米ドル金利(i^*_t)＋\frac{1期後の予想ドル円レート(e_{t+1})－ドル円為替レート(e_t)}{ドル円為替レート(e_t)}
\end{aligned}
$$

(12)

第10章　為替レートの決定理論　**169**

第11章

国際通貨制度と通貨危機

　ここまで為替レートやその決定理論を学んできたが、いずれも為替レートが変動することを前提としている。しかし、歴史的に見ると、現在のように毎日変動する為替レートの仕組みが出来上がったのは第二次世界大戦後であり、1970年代以降である。戦前には、日本を含む主要国は金の価値を基準とした固定相場制を採用していたが、この金が世界的に通貨の基準となる価値となったのも19世紀になってからで、そう古いものではない。

　大昔、人々は物々交換で互いに物を交換して欲しい物を得ていた。その後、広い範囲で共通して貴重と認識される家畜、穀物や貝などの物品が交換の尺度として活用される物品貨幣の時代を経て、紀元前4000年の古代メソポタミア時代に始まったといわれる鋳造貨幣の登場により通貨交換が行われるようになった。

　世界最古の鋳造硬貨は、紀元前670年頃のメソポタミア時代に使われていた「エレクトロン貨」と呼ばれる硬貨とされている。実は、この硬貨は金と銀の合金でできており、人々は当時から金や銀を価値の基準としてきたことが分かる。そこには、金や銀が持つ希少性や耐久性、そして世界的に認められる価値を持ち、異なる地域や文化でも適用したことなどがある。

　こうした貨幣の歴史を見ると、金や銀に裏打ちされず、その価値が各国政府の信用に依存している現在の通貨の存在や、世界共通のシステムの元で各国通貨を交換できる国際的な通貨制度の整備は画期的なことにも見える。

　第9章で見たように、通貨のうち海外との貿易や国際金融取引の決済に用いられる通貨が国際通貨であり、国際通貨を使った国際経済取引の決済に関する

国家間の取り決めや慣行を**国際通貨制度**という。そして、国際通貨の中でも特に、通貨価値の安定、高度に発達した為替市場および金融市場の存在、対外取引規制がないことなどの理由から国際間の決済や金融取引などで基軸となる特定国の通貨のことを**基軸通貨**という。現在の国際通貨制度では、アメリカのドルが基軸通貨であり、他のどの通貨よりも決済通貨、準備通貨そして基準通貨の役割を担っているが、米ドルが基軸通貨になった背景には歴史的な経緯もある。

　本章では、金が世界的な通貨の価値基準となった19世紀以降の国際通貨制度を見た上で、為替レートの変動がもたらす危機について学んでいく。

11.1　為替相場制度

11.1.1　金本位制

　国際通貨制度は、大きく分けて戦前の「金本位制」と戦後の「為替相場制」に分類することができる。このうち、**金本位制**は自国の貨幣単位を一定重量の金と法律で結びつける制度であるが、金本位制が導入される前の各国は異なる貨幣単位の通貨を使用していて、各国間で通貨の交換比率を定めて貿易を行っていた。そして、交換比率の基準には、古くは銀が、後には金が用いられた。

　1816年に、イギリスは貨幣法を制定して1ポンド金貨を鋳造し、金貨の質と重さを標準化して一定量の金と交換可能な紙幣を発行する基礎を作った。この貨幣法により、イギリスは事実上金本位制に移行した。1844年に銀行券の発券独占権が与えられたイングランド銀行[1]が金と交換可能なポンド兌換紙幣を発行したことで金本位制は確立した。

　金本位制は金を媒介にして各国通貨の交換比率が固定されている固定相場制であり、金保有量が各国の通貨発行量を規定していた。貨幣数量説[2]に基づく

1）1694年に設立されたイギリスの中央銀行。銀行券の発行特権は最初イギリスの一部に限られていたが、1844年のイングランド銀行条例によって名実ともにイギリスの中央銀行となった。

2）貨幣数量説とは、経済における一般価格水準と貨幣供給量が直接的に比例するとする経済理論。

第11章　国際通貨制度と通貨危機　**171**

表 11.1　金本位制と為替相場制

金本位制		為替相場制	
通貨の価値を一定の金の量で決める制度		通貨の価値を市場の需給バランスによって決定する制度。大きく固定相場制と変動相場制に分かれる	
メリット	デメリット	メリット	デメリット
通貨価値・為替相場の安定 物価の安定と国際収支の自動調整機能の発揮	経済成長が金保有量の制約を受け、デフレーション発生の可能性増大 国際収支赤字の継続の困難さ	経済の状況に応じて通貨の価値を自由に変動させることができ、経済の拡大や縮小に柔軟に対応することが可能 金保有量などに制約されない経済成長が可能	市場の需給バランスによって通貨の価値が大きく変動する可能性 為替相場の変動があり、企業や投資家の対外投資などに影響 通貨価値の変動がインフレーションやデフレーションをもたらす可能性増大

と、国際金本位制には経常収支不均衡を自動的に調整するメカニズムが働くことになる（**表11.1**）。それは、経常収支が赤字になると赤字国から金が流出する。すると、その国の貨幣供給量が減少する。それによって物価水準が下がり、相対的に安価となったその国の財の輸出が増加し、輸入が減少することで経常収支が回復するというメカニズムである。

　しかし、このメカニズムが機能するには金の流入・流出が貨幣量の増減に結びつくことが必要であるが、物価は景気と同調性があった上に各国の金準備と貨幣量は必ずしも一致しなかったことから、戦前の金本位制の下での経常収支均衡は必ずしも実現しなかった。

　金本位制は為替レートの安定をもたらし、国際貿易の促進に寄与するとともにイギリスの通貨ポンドは基軸通貨として通用した。当時イギリスが世界最大の貿易国および金融センターであったため、その後、1870年代以降に、フランス、ドイツ、アメリカなど当時の主要先進国が金本位制を採用した。日本も、1871年に新貨条例により貨幣単位「円・銭・厘」を採用するとともに金1.5g＝１円とする金本位制を採用した。

　第一次大戦前の基軸通貨国イギリスは、国際金本位制の下で各国にポンド決

済の機能を提供するとともにその資金となるポンドを供与していた。当時のイギリスでは金が流出入しており、イングランド銀行は金準備の増減に応じて金利（手形割引率のバンクレート）を変更していた。バンクレートが引き上げられると、ポンド相場は通貨高となり、金の流入を引き起こす効果があった。イングランド銀行は金平価維持を最優先とする金融政策を行い、政府も金本位制と整合するマクロ経済政策をとっていたため、基軸通貨ポンドの信認は崩れなかった。

第一次世界大戦中は戦費調達が優先されて金本位制は停止されたが、大戦が終了すると各国は金本位制に復帰した。しかし、1919年7月にアメリカが金本位制に復帰したものの、イギリスは戦争によって産業の国際的競争力を失ってインフレとポンドの対ドル安があり、復帰したのは1925年4月であった。

ところが、イギリスの金本位制への復帰は戦前の旧平価（金とポンドの以前の交換比率）での復帰であったため、イギリスの貿易収支は悪化して金が大量にアメリカに移動し、イングランド銀行は金準備の減少に直面した。さらに、アメリカが国際通貨国として台頭したうえ、大規模な金流入に対して金不胎化政策[3]を採用し、株価上昇に対応して金利を引き上げていた。この状況で、ポンドは決済通貨としての機能を維持したものの、準備通貨の機能は米ドルに取って代わられ、通貨取引量全体では米ドルがポンドを上回る事態が生じることとなった。

イギリスが金本位制を維持していくのが困難と見た市場ではポンドが投機的に売られ、1931年ポンド危機が発生した。イギリスはポンド防衛ができなくなり、ポンドは米ドルに対して大幅切り下げとなるとともに1931年9月には金本位制を停止し、各国もそれに追随した。以後、各国は金保有量に関係なく通貨を発行する管理通貨制度[4]へ移行した。

3）金不胎化政策とは、金本位制の下では金保有量の増減が通貨発行量の増減に直結するところ、貿易黒字等で外国から大量に流入した金が国内の通貨発行量を増大させて物価が上昇するのを阻止するために、金保有量を通貨発行量に結びつけなくする政策。

4）1931年から第二次世界大戦前にかけての為替管理制度は、政府が外国為替取引を統制することで外国為替相場の安定と国際収支の均衡を図る制度であった。この制度は、第二次世界大戦後にブレトンウッズ体制に置き換えられた。

11.1.2 ブレトンウッズ体制

第二次世界大戦が末期となると、戦後の国際通貨体制が志向されることとなった。アメリカは、為替相場の安定を重視し、国際的為替安定基金を設立して米ドルを中心とする貿易・為替自由化を推し進める計画（ホワイト案）を提案した。このホワイト案を中心に協議が進められたのがアメリカのニューハンプシャー州ブレトンウッズでの会議で、1944年7月に「国際通貨基金（IMF）と国際復興開発銀行（世界銀行）に関する協定」いわゆるブレトンウッズ協定が調印された。

ブレトンウッズ協定は、第二次世界大戦で疲弊した世界経済の安定を目的として、通貨価値の安定、貿易振興、開発途上国の開発などを行い、自由で多角的な世界貿易体制をつくるものであった。とりわけ、為替レートの安定については、アメリカは金1オンス35米ドルの公定価格を維持することになった。一方、アメリカ以外のIMF加盟国は、自国通貨をIMF平価[5]として金または米ドルで表示し、その平価水準から±1％以上乖離しないように外国為替市場に介入する義務を負ったが、金ではなく米ドルに対しての平価維持を選択した。各国通貨が米ドルとの交換レートを固定し、米ドルだけが金との交換比率を固定する仕組みは**金ドル本位制**と言われる。

ブレトンウッズ体制においては、国際収支に一時的な不均衡が生じた国が自国通貨のIMF平価を維持できるように、IMFが短期貸付を行った。しかし、国際収支に基礎的不均衡[6]が生じた場合には、変動幅が±10％以内であれば、加盟国はIMFに対して平価変更を求めることができた。このように、ブレトンウッズ体制は平価変更が可能な固定相場制であり、アジャスタブル・ペッグとも呼ばれる。

また、ブレトンウッズ体制の下で、IMFと世界銀行が金ドル本位制と世界経済の安定を支える組織として創設された。このうちIMFは、加盟国の為替政策の監視や著しく国際収支が悪化した加盟国に対する融資などを通じて、為

5）IMF平価とは、金または米ドルで表示された自国通貨の国際交換比率を指す。
6）基礎的不均衡とは、政府が、ある一定の期間内で、国内のインフレや雇用を悪化させることなく国際収支の不均衡を是正することができない状態を指す。

174　第Ⅱ部　国際金融

替の安定、国際貿易の促進と加盟国の雇用と国民所得の増大などに貢献することが目的とされた。他方、世界銀行は、戦後の復興と開発を促進する使命を担い、当初は欧州の経済復興が目的であったが、その後開発途上国の開発や日本などの戦後復興に必要な資金を供与するという役割を持つこととなった。

　ブレトンウッズ体制が発足して間もない1950年代までは、アメリカは欧州の復興支援などの援助で米ドルを世界に供給していたが、やがてアメリカの経常収支が赤字となり、この赤字によって世界に米ドルが供給されるようになった。1950年代末以降、経常収支黒字を上回る資本流出でアメリカの金準備は急減し、1960年代になると、ベトナム戦争の軍事支出増加や社会保障拡大などでアメリカの財政赤字と貿易赤字が増大し、1オンス35米ドルでの金と米ドルの交換も困難になった。アメリカは、60年代を通じて米ドル価値を維持するため資本流出抑制などのドル防衛策を実施し、国際的な通貨協力も要請した。しかし、構造的な改善が見られず、1971年8月にアメリカは金ドル交換停止を含む新経済政策（**ニクソン・ショック**）を発表し、ブレトンウッズ体制は崩壊した。ニクソン・ショックにより、金ドル本位制は消滅し、以降主要国の為替レートは米ドルを中心としつつも為替レートが各国通貨の市場での需給に応じて自由に決まる変動為替相場制に移行した。

11.1.3　為替相場制度

　本来為替レートは外貨の需要と供給を反映して決まり、そして変動する。しかし、各国は、外貨準備の大小や国内経済を安定させるために為替レートの安定が大事といったそれぞれの国の事情に応じて、為替レートの変動を一定範囲内に固定させたり、あるいは市場での外貨の需要と供給に任せたりしている。このようにして、外国為替取引においては、国ごとに為替レートを決定する枠組みが存在しており、これを**為替相場制度**という。

　為替相場制度は**固定相場制度**と**変動相場制度**に大別される。固定相場制度とは、自国通貨の為替レートが他国の通貨などに対して一定している制度であり、変動相場制度とは、自国通貨の為替レートが外国為替市場における自国通貨に対する需要と供給の関係で決まる制度である。日本および欧米主要国が変動相場制を採用しているために世界的に変動相場制が普及していると思われる

第11章　国際通貨制度と通貨危機　**175**

かもしれないが、現在でも固定相場制を採用する国は多い。しかし、固定相場制度でも平価の変更が頻繁に行われ、変動相場制度でも巨額の市場介入が行われるなど、固定相場制度、変動相場制度といっても制度は同一ではない。

このような状況を踏まえて、為替相場制度は、厳格な固定相場制度（ハード・ペッグ）、ハード・ペッグと変動相場制度との間に位置する柔軟な固定相場制度（ソフト・ペッグ）に分類される（表11.2）。このうち、ハード・ペッグでは、一方的に米ドルを国内流通通貨とするドル化と、米ドルなどとの為替レートを固定するカレンシー・ボードがある。

ソフト・ペッグは、自国通貨の為替レートを他の通貨や通貨バスケット[7]に固定し、狭い範囲でだけ為替レートが変動する仕組みである。為替レートの変動幅を一定範囲（例えば±1％）しか許容しない為替バンド制や、主要な貿易相手国と自国との間のインフレ格差等いくつかの経済指標に基づいて定期的に為替レートを調整するクローリング・ペッグなどがある。

変動相場制にも、特定の為替レート目標を置かずに、金融・通貨当局が随時為替レートに影響を与える操作を行う管理フロートと、為替レートは市場が決め、例外的にしか政府介入がない自由フロートがある。

IMFは加盟国の為替相場制度を毎年調査しており、2022年4月現在ではハード・ペッグ採用国は26か国、ソフト・ペッグ採用国が91か国、管理フロート採用国が35か国、自由フロート採用国が31か国となっている[8]。特に、世界各地で金融危機や通貨危機が発生した結果、2000年以降では途上国や新興国のそれぞれの発展段階にあわせたソフト・ペッグ採用国が増加している。

11.1.4　国際金融のトリレンマ

為替レートの変動や金融政策の変更は、金利や物価などを通じて互いに影響する。金融グローバル化は各国の金融取引規制が緩和される中で進んできたが、資本の移動が自由になることは経済・為替相場政策の阻害要因となる可能

7）通貨バスケットとは、複数の通貨を加重平均して作られた通貨単位のことを指す。

8）IMF, "Annual Report on Exchange Arrangements and Exchange Restrictions 2022," 2023/7

表11.2 主要な為替相場制度の概要とメリット・デメリット

		制度の概要	主なメリット	主なデメリット
ハード・ペッグ	ドル化 （独自の法定通貨が放棄された為替相場制度）	一方的に米ドルを国内流通通貨とする仕組み	①通貨価値が安定 ②物価安定と低金利の享受 ③通貨投機の回避 ④金融・外為政策の不要化	①独自の金融政策の放棄 ②外国通貨が国内流通通貨のため、中央銀行は通貨を発行できない ③為替相場制度の変更が困難
	カレンシー・ボード	国内の通貨供給量を米ドルなどの外貨準備高に応じて決定し、米ドルなどとの為替相場を固定する仕組み	①通貨価値が安定 ②経済運営の規律が働く ③過度のインフレを防止	①柔軟な経済政策および独立した金融政策が採用できない ②為替相場制度の変更が困難
ソフト・ペッグ	為替バンド	為替レートの変動が一定の範囲内に維持される仕組み。欧州通貨制度で採用された枠組み	通貨価値が安定	為替レートを一定の範囲内に維持するため、財政金融政策の自由度が制約される
	クローリング・ペッグ	為替レートを、主要な貿易相手国と自国との間のインフレ格差等いくつかの経済指標に基づいて定期的に調整する仕組み	実質為替レートが安定	金融政策の自由度が制限される
変動相場制度	管理フロート	特定の為替レート目標を置かずに、金融当局が随時為替レートに影響を与える操作を行う仕組み	経済金融政策への制約が少ない	固定相場制や中間相場制と比べると為替レートの変動余地は大きい
	自由フロート	為替レートは市場が決め、例外的にしか政府介入がない仕組み	経済金融政策が制約されない	為替レートの大きな変動で経済や企業活動に影響がでる可能性

性がある。このような影響を避けようとすれば、1. 自由な資本移動、2. 為替レートの安定（固定相場制）、3. 独立した金融政策、の3つの選択肢のうちどれか1つを放棄せざるを得ず、このことを**国際金融のトリレンマ**（trilemma）と呼ぶ（**表11.3**）。

　例えば、為替レートの安定と独立した金融政策を採用すると、自由な国際資本の移動は制限せざるを得ない。資本移動が自由のままであれば、金融政策に

表 11.3　国際金融のトリレンマ

資本移動	為替相場制度	金融政策自由度
制　限	固定相場制	なし
	変動相場制	あり
自　由	固定相場制	なし
	変動相場制	あり

よっては資本が大きく流入あるいは流出して為替レートの安定が保てなくなるからである。また、独立した金融政策と自由な資本移動を優先すると、為替レートの安定は保てなくなるので、いずれの例でも国際金融のトリレンマは成り立つことになる。

国際金融のトリレンマを実際の国々の例で見てみよう。まず、アメリカは自由な資本移動と独立した金融政策を優先している。その通貨ドルの為替レートは変動相場制になっていて、市場の供給と需給によって決定されている。すなわち、アメリカでは1. 自由な資本移動と3. 独立した金融政策が成り立つとともに2. 固定相場制度は放棄されており、国際金融のトリレンマが成立している。

他方、中国では、為替レートの安定と独立した金融政策が志向されている。この場合、国際金融のトリレンマによれば資本移動は制限されることになり、実際、中国では資本移動に制約がある。

さらに、ユーロ圏についても国際金融のトリレンマを当てはめることができる。通貨ユーロを採用した国々は、各国が独自の通貨を持っていた以前と比べて為替レートの安定が確保されている。また、ユーロ圏内では自由な資本移動が保証されているが、その一方で、金融政策は欧州中央銀行（ECB）によって決定されるため、それぞれの国は独立した金融政策をとることができなくなっている。ここでも、1. 自由な資本移動とユーロ圏各国の2. 為替レートの安定がある一方で各国の3. 独立した金融政策は放棄されており、国際金融のトリレンマが成立している。

このように、それぞれの国や地域は国際金融のトリレンマに対応するために、それぞれの経済状況、歴史的背景、政治的目標に応じて異なる選択をしている。ただし、世界の趨勢である自由な資本移動を前提にすると、独立した金

融政策を維持するには厳格な固定相場制度は採用できない。もっとも、2020年以降の新型コロナ禍の下では、様々な国において資本流出の面から資本移動を規制する動きが見られ、ソフト・ペッグ採用国が減ってハード・ペッグ採用国が増える傾向が見られた。

11.2　通貨危機

11.2.1　金融危機

　現在の基軸通貨米ドルを中心とする為替相場制は、いままでの各国の経済や国際金融取引の状況を踏まえて長年のうちに出来上がってきた仕組みである。しかし、制度が常に円滑に国際金融を支えてきたのではない。例えば、固定相場制等当局が定める為替レートに関する何らかの規制が、短期の資本流出や投機的攻撃を通じて維持困難となることもしばしば起きてきた。また、一国の企業倒産や国の財政破綻などをきっかけに、その国の金融機関の資金調達困難化が世界に伝播して国際的な金融危機に発展する事態も起きている。

　金融危機とは、金融機関や金融市場に深刻な問題が発生し、経済活動に大きな悪影響を及ぼす事態を指す。その原因や種類は複数あり、金融危機は以下のような種類に分類される。

　ひとつは**通貨危機**である。通貨危機とは、ある国の当局が定める固定相場制度等での為替レートが、短期の資本流出や投機的攻撃[9]を通じて維持困難となって急激に減価し、外貨準備が枯渇することで通貨の防衛が困難になることを言う。通貨危機に陥ると、外貨建ての債務の返済が困難になり、国際通貨基金（IMF）から資金支援を受けることが多い。

　通貨危機の例としては、1997年に東南アジアや東アジアで発生したアジア通貨危機がある。**アジア通貨危機**とは、当時米ドルに対する固定相場制を採用し

9）投機的攻撃（speculative attack）とは、投資家が、為替差益を得ることを目的としてある国の通貨を外国為替市場で大量に売り、減価した通貨を買い戻すこと。なお、ある国の通貨を大量に売却したものの、その通貨の為替レートが減価せず、買戻しが出来なかった場合も、投機的攻撃である。

第11章　国際通貨制度と通貨危機　　**179**

ていたタイが投機的攻撃を受け、固定相場を維持できなくなって通貨価値が急落し、同様の動きが周辺のアジア諸国に伝播した金融危機である。このような通貨危機は、2001年のアルゼンチンでも発生しており、投機的攻撃によって固定相場制度が維持できなくなって通貨価値が暴落し、銀行が倒産して大きな社会的混乱を招いた。

　金融危機には、**銀行危機**（金融システム危機）もある。銀行が不良債権[10]や流動性[11]不足などで破綻したり、信用不安から預金者が一斉に預金を引き出そうとしたりすることで、銀行倒産が連鎖して金融システム全体が破綻する恐れが生じるのが銀行危機である。銀行危機に陥ると、経済活動に必要な資金の供給が滞り、景気の低迷やデフレーション[12]を招くことがある。アメリカで1929年に発生した世界恐慌や2008年に発生した世界金融危機（いわゆるリーマン・ショック）が銀行危機の例である。

　債務危機も金融危機の一種である。政府が、借り入れた資金の返済ができなくなる債務不履行に陥り、国際的な金融不安が高まるのが債務危機である。債務危機に陥ると、国際的な資金調達が困難になり、国内で急激な経済不況や社会不安が生じることがある。例えば、1980年代に中南米で発生した債務危機では、メキシコなど中南米の国々が対外的な借り入れ債務を大きく増やしたところにドル金利とドル相場の上昇があって返済ができなくなって債務不履行に陥り、債権者であった先進国の金融機関や世界の金融市場にも大きな打撃を与えた。

　金融危機には複数の原因や種類があるが、このうち通貨危機については、発生原因を説明するモデルが大きく分けて3つあり、それぞれ第1世代モデル、第2世代モデル、第3世代モデルと呼ばれる。以下各モデルについて見ていく。

---

10) 不良債権とは、融資先の経営状態が悪化したことにより、約定どおりの元本や利息の支払いが受けられなくなった貸出債権をいう。

11) 流動性とは、ある資産について、どれだけ迅速かつ大幅な損失を被ることなしに換金できるかという度合いを指す用語。

12) デフレーション（deflation）あるいは略してデフレとは、物価が持続的に下落する経済現象を指す。

11.2.2 通貨危機を説明するモデル

第1世代モデル（ファンダメンタルズ・モデル）

第1世代モデルは、経済状況の悪化を原因として通貨価値が下落するとするモデルであり、ファンダメンタルズ[13]・モデルとも言われる。主に1970年代、それまでの金ドル本位制が崩れて為替レートが変動したことが大きな背景となって、中南米諸国や他の発展途上国で通貨切り下げと通貨危機が生じたことを説明するモデルとして登場した。

第1世代モデルでは、固定相場制の下での通貨に対する投機的攻撃は、政府の過大な経常収支赤字や財政赤字に起因する。固定相場制の下で政府が財政赤字を続けると、それだけ国内での資金供給が増大し、物価が上昇することで自国通貨に対する減価圧力がかかることになる。この状態で投機家が固定相場制の維持が困難と予想したときには、通貨売却と投機的攻撃が起こる。そして、投機的攻撃に対して、政府が自国通貨価値を維持するために外貨を売って自国通貨を買い続けるだけの外貨準備がなくなったときに、通貨価値が暴落する（**図11.1**）。

第1世代モデルによる通貨危機は、基本的には経常収支赤字が解消されない国、財政赤字の拡大が続く国、インフレ率が非常に高い国など経済状況が良くない国で発生する。また、第1世代モデルは、固定相場制の下で自由な資本移動を認める場合には通貨の安定を支える金融政策が必要になることを示しており、①自由な資本移動、②固定相場制、③独立した金融政策、の3つは同時に成立しないとする国際金融のトリレンマと整合的である。すなわち、自由な資本の流入と流出を認めながら固定的な為替レートを維持するためには、中央銀行は物価上昇抑制と経済の安定的な成長よりも為替レートを安定させる金融引締めなどの金融政策を優先せざるを得ないということになる。そして、第1世代モデルの通貨危機発生を回避するには、投機的攻撃を起こさないために対外債務残高を下回らない外貨準備高を保持することや財政赤字を小さくするといった対応が必要である。

---

13) ファンダメンタルズとは、経済の基礎的条件を指し、財政収支、経常収支や金融収支などの国際収支、インフレ率、失業率など、一国の主要な経済指標の状況を意味する。

図 11.1 第1世代モデル（経済状況に基づく通貨危機）

固定相場制の下で慢性的な財政赤字がある場合：
財政赤字を埋めるための資金調達で国債を乱発
（国内信用の拡大）
↓
物価上昇、金利低下で自国通貨は減価
↓
通貨当局が固定相場制維持のために
為替市場で自国通貨買い介入
↓
外貨準備が減少し、
外貨準備が尽きた時点で固定相場制維持は不可能に

第2世代モデル（自己実現的モデル）

　通貨当局が自国通貨を防衛し切れなくなることを投機家が予想して投機的攻撃が一斉に行われれば、その結果として投機家の予想どおりに通貨危機が発生するとするのが**第2世代モデル**である。第2世代モデルでは、政府が物価抑制や為替レートの安定を重視した政策運営を行っていたかどうかも重要だが、結局は投機家の投機的攻撃が成功するとの期待が重要な役割を果たすことになることから、第2世代モデルは「自己実現的」通貨危機モデルとも呼ばれる。

　例えば、固定相場制を採用するある国の外貨準備が乏しく、通貨当局が固定相場制維持のコストが高くつくと判断する、ないしは判断するように見える場合、投機は成功しやすい。このような場合に投機的攻撃が起こると、通貨危機が発生することになる。

　第2世代モデルは、1990年代初頭に欧州諸国で発生した通貨危機を説明するために生まれたモデルである。第2世代モデルでの投機的攻撃の理由は、他の投資家も投機的攻撃を仕掛けることを期待しているという自己実現的なものである。そのため、マクロ経済状況の悪化が通貨危機をもたらすとする第1世代モデルとは異なり、その国が不適切な経済運営や金融政策を行っているかどうかは投機にとって必ずしも必須ではなく、あらゆる経済指標などが対象となる可能性がある。したがって、第2世代モデルの通貨危機では、健全な経済運営や適切な金融政策が行われても通貨危機が回避されるとはかぎらず、投機を防止する資本取引規制を行うことが回避策となる。

182 ┃ 第II部　国際金融

図11.2　第3世代モデル（通貨危機と金融危機の同時発生）

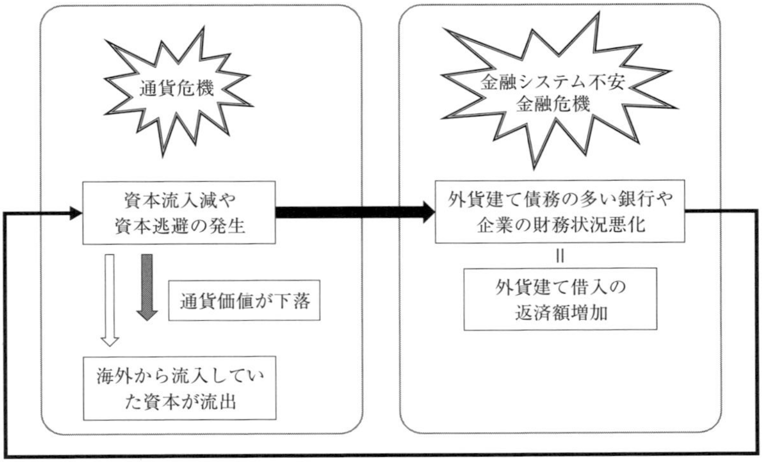

第3世代モデル（通貨危機と金融危機の同時発生モデル）

　第3世代モデルは、国内銀行部門の脆弱性と通貨危機がセットになって通貨危機と金融危機が同時に発生するモデルである。通貨危機によって為替レートを含む資産価格の変動に伴う企業と銀行の財務状況の急速な悪化が連鎖的に金融危機も引き起こすとする。

　アジア通貨危機前には、タイなど東南アジアの国々の企業は多くの資金を銀行借入に依存しており、しかも貸す側の銀行が資金の多くを外貨建て借入に頼っていた。それが、通貨危機の発生で国内に流入していた外資が海外に流出すると、同時に国内企業や銀行の財務状況が悪化する事態を招くこととなった。通貨危機による通貨価値の下落は、外貨建て借入の返済額を膨らませて金融機関の財務状況の悪化を招く（通貨危機→金融危機）と同時に、金融機関の財務状況の悪化が海外から流入していた資本をさらに流出させ、さらなる通貨危機につながった（金融危機→通貨危機）（図11.2）。

　第3世代モデルは、この1990年代後半のアジア通貨危機を機に生まれたモデルである。通貨危機前のアジア諸国では、国によっては財政収支が黒字で、経常収支赤字も管理可能に見えた。しかし、銀行が外貨建ての多額の債務を抱えていると、通貨危機が銀行危機につながる可能性が高まることが分かる。

第11章　国際通貨制度と通貨危機　183

11.2.3　危機防止策の取り組み

　ニクソン・ショック前年の1970年から2007年までの38年間に、208件の通貨危機、124件の銀行危機、63件の債務危機が発生している（**表11.4**）。このうち、通貨危機は、1990年代前半にも多く発生したが、1980年代初頭に最も多く発生しており、債務危機も1980年代初頭に多い。一方、銀行危機が最も発生したのは1990年代初頭から半ばにかけてである。さらに、90年代には、銀行危機と通貨危機が同時に発生した二重危機、また、銀行危機、通貨危機と債務危機が同時に発生した三重危機も複数生じている。

　危機の背景には以下のような要因がある。ひとつには、グローバル化と資本移動の自由化の進展である。グローバル化と資本移動の自由化は、金融規制の緩和と相まって国際的な金融資産を増大させ、短期資金による為替投機を容易にし、通貨危機を頻発させた。

　また、米ドルの供給増と減価も要因として挙げられる。アメリカが巨額の経常収支赤字を計上し続けており、国際的な米ドルの供給が増大するとともに長期的に米ドルが減価していることが、新興国の成長に寄与する一方で、いくつかの国での対外債務増大や自国通貨をドル・ペッグした国での短期資金の過大な流出入と金融危機などにつながった。

　グローバル化の進展と国際金融市場の発展にあって、金融危機は1980年代の債務危機から90年代の通貨危機、そして2000年代の世界的金融危機へと変遷してきた。通貨・金融危機の原因と影響が時代とともに変化する中で、危機への対応も、IMFなどの外貨供与、各国の財政・金融政策活用から資本・金融機関規制強化と金融機関の健全性確保、そして金融機関への公的資金注入、欧州中央銀行（ECB）のユーロ圏各国国債無制限購入などへと広がってきた。

　さらに、金融危機に対処する枠組みも、IMFの資金供給と各国の健全な経済運営・金融政策に向けての自助努力から、通貨スワップ協定[14]、債券市場育成、ユーロ圏などにおける地域での金融協力に発展している。

　通貨・金融危機を招かないために必要とされる要件を整理すると、以下の通

14）通貨スワップ協定とは、資金繰りが行き詰まった国に対して、外貨準備などを活用して短期に米ドルなどの国際通貨を融通しあう2国間あるいは多国間の取り決めを指す。

表 11.4　世界における金融危機の発生度合い

年	銀行危機 （件数）	通貨危機 （件数）	債務危機 （件数）	二重危機 （件数）	三重危機 （件数）
1970					
1971		1			
1972		5			
1973		1			
1974					
1975		5			
1976	2	4	1		
1977	2	1	1		
1978		5	3		
1979		3	2		
1980	3	4	3	3	
1981	3	9	6	1	
1982	5	5	9	1	1
1983	7	12	9	2	1
1984	1	10	4		
1985	2	10	3		
1986	1	4	3		
1987	6	6		1	
1988	7	5	1		
1989	4	8	3	1	1
1990	7	10	2		
1991	10	6		1	
1992	8	9	1	1	
1993	7	8		1	
1994	11	25		2	
1995	13	4		2	
1996	4	6		1	
1997	7	6		4	
1998	7	10	2	3	3
1999		8	2		
2000	2	4			
2001	1	3	2	1	1
2002	1	5	4		
2003	1	4	1	1	1
2004		1	1		
2005		1			
2006					
2007	2				
合計	124	208	63	26	8

（注）二重危機は t 期の銀行危機と（$t-1$, $t+1$）期の通貨危機の発生を示し，三重危機は t 期の銀行危機と（$t-1$, $t+1$）期の通貨危機および（$t-1$, $t+1$）期の債務危機の発生を示す。

（出所）IMF Working Paper "Systemic Banking Crises: A New Database", 2008/11

第11章　国際通貨制度と通貨危機　**185**

りである。

①良好なファンダメンタルズの維持

　各国が、経常収支、財政収支や物価などの経済ファンダメンタルズを良好に保つことは、通貨危機や金融危機を回避する上で基本となる。

②潤沢な外貨準備高

　潤沢な外貨準備を保有すると投機的攻撃を受けにくくなる。また、危機が発生した際に外貨を融通するチェンマイ・イニシアティブ[15]のような通貨スワップ協定は、投機的攻撃を予防する観点からも有効である。

③現地通貨建て投資資金の確保

　アジア通貨危機の原因のひとつに過度の米ドル建て短期資金流入があり、それがその後の米ドル建て資金の大量流出の可能性を高めた。したがって、現地通貨建ての投資資金を安定的に確保することは重要であり、現地債券市場育成を図るアジア債券市場イニシアティブ（ABMI）[16]は有力な方策と言える。

④金融機関の健全性確保

　通貨危機が金融危機に波及しないためには、金融機関の健全性が重要である。従来、国際金融の分野では銀行規制は少なかったが、世界金融危機[17]後、金融機関の活動に直接介入する規制が強化された。金融機関としては、海外からの資金調達のうち短期で返済を求められる短期資金ではなく長期資

---

15) チェンマイ・イニシアティブ（CMI）は、2000年5月にタイのチェンマイで開催された東南アジア諸国連合（ASEAN）＋日中韓蔵相会議で成立した通貨スワップ協定を指す。
16) アジア債券市場育成イニシアティブは、アジアにおける貯蓄をアジアに対する投資へと活用できるようにすることを目的として、アジアで債券市場を育成するイニシアティブであり、2003年の ASEAN +3財務大臣会議にて合意されたもの。
17) 世界金融危機とは、2007年アメリカで発生した住宅ローン危機に端を発して世界に広がった金融危機を指す。

金を重視すること、為替リスク回避のために自国通貨建てで資金調達すること、財務の健全性確保のためにバーゼル規制[18]を順守すること、偏ったリスクをとらないような体制を構築することなどが必要とされている。

---

18) バーゼル規制とは、国際的に活動する銀行の自己資本の比率や流動性の比率などに関する国際統一基準のことであり、国際的に活動する銀行の財務の健全性基準を設けることで、国際金融システムに影響を与える銀行が破綻しないようにする規制である。

第12章

国際金融市場

12.1　国際金融市場の分類

12.1.1　国際金融市場とは何か

　金融市場は資金の融通が行われる場である。国境を越えて居住者と非居住者、あるいは非居住者の間で資金の過不足を融通するのが国際金融であり、その場となるのが**国際金融市場**である。国内の金融あるいは居住者間の取引でも、外貨預金や外貨借入のような外貨建ての金融は、国際金融取引に含まれる場合がある。

　国際金融市場と聞くと、どのような市場を思い浮かべるであろうか。多くの人は国際金融センターである香港やロンドンをイメージするのではないだろうか。**国際金融センター**とは、世界中の主要な銀行や証券会社、保険会社、運用会社などが集まり、国際金融で中心的な役割を担う都市・地域のことである。その上で、国際金融センターには特別な国際金融市場があると思う人もいるだろう。

　たしかに、国際金融センターには国際的な金融機関や国際金融取引を支える機関が多く集積している。しかし、いずれの都市にも常設の国際金融市場という特別の市場はない。では、国際金融取引はどこで行われているのだろうか。ひとつの回答は、第9章で取り上げた外国為替取引であり、常設の施設・建物といった場がない外国為替市場で24時間取引されている。

　もっとも、すべての国際金融取引がネット上で行われているのではない。国際的な証券取引や商品取引などはニューヨークやロンドンなどの証券取引所で

188　第Ⅱ部　国際金融

行われたりしている。海外の投資家などがアメリカや日本の市場を利用して資金を調達したり、運用したりする場合には、国内の金融市場を利用することになる。したがって、例えば、アメリカのニューヨーク証券取引所ではアメリカ以外の企業が債券を発行したり、株式を上場したりしており、世界中の投資家がそれらを日常的に売買している。

　国際金融市場は、国際的な資金の調達や運用、あるいは経常収支赤字国と黒字国が国際収支を調整する場などとして活用されている。利用しているのは、グローバルに活動する金融機関や企業、各国の政府や政府機関、自治体、国際機関など多岐にわたる。また、国際金融市場での取引の類型としては、資金の国際的な貸出や借入、金融機関の国際的な金融商品仲介業務、ヘッジ、投機、裁定のための取引などがある。国際金融市場での取引の多くは市場所在地以外の国の通貨建てで行われるが、国際的に流通する外貨はわずかであり、決済は通貨の発行国に所在する銀行の口座で行われる。

ヘッジ（hedge）：将来発生しうるリスクを現時点で回避しようとする行為

投機（speculation）：ヘッジ取引とは逆に、リスクをとって将来の価格変動から利益を得ることを目的とする行為

裁定（arbitrage）：2国間の金利差や2通貨間の為替レートの差などを利用して利益を得ようとする行為

　国際金融市場は伝統的市場とオフショア（Offshore）市場（ユーロ市場）に分類される。**伝統的市場**は国内金融市場のことであり、そこに非居住者が参加する場合には国際金融市場となる。オフショア市場は、本国以外で当該国通貨建ての取引が行われる市場を指す。**オフショア市場**はかつて**ユーロ市場**とも言われていたが、欧州の単一通貨ユーロの市場とは異なる。アメリカ以外で米ドル建て取引が最初に行われたのが欧州であったことから付けられた名称であり、かつては本国以外で当該国通貨建て取引が行われる場をユーロ市場といい、その中でもオフショア市場は一般的に取引主体が非居住者に限定された市場を指すとされてきた。しかし、ユーロ市場が当初発生した欧州から世界各地に広がったことや単一通貨ユーロが導入されたことで、現在ではオフショア市場の名

第12章　国際金融市場　**189**

称がユーロ市場の名称に全般的に取って代わっている。

12.1.2 短期金融市場と長期金融市場

国際金融市場には国内金融市場と同様の機能がある。一般に金融市場は短期金融市場と長期金融市場に分けられる。短期金融市場は貨幣市場（money market）とも言われ、満期1年以下の資金が取引される場である。長期金融市場では満期1年以上ないし償還期限のない金融商品が取引され、資本市場（capital market）とも言われる。証券市場は資本市場に含まれる。

短期金融市場を構成する市場には、コール市場、手形市場、BA市場、CD市場、CP市場、TB市場、債券現先市場などがある（**表12.1**）。これらの市場は国際金融市場にも存在する。

一方、長期金融市場を構成する市場は、株式市場と債券市場である。このうち債券市場は公共債と社債に分かれ、それぞれ証券が新たに発行される発行市場（primary market）と既に発行されている証券が売買される流通市場（secondary market）に分かれる。国際金融市場も同様だが、非居住者の発行する債券は国内の債券と区別して外債と呼ばれる。

表12.1　短期金融市場を構成する市場

コール市場
金融機関相互の短期的な資金過不足を調整する市場

手形市場
企業が振り出した商業手形を売買・再割引する市場

BA（Banker's Acceptance）市場
銀行が支払いを保証した為替手形を売買・再割引する市場

CD（Certificate of Deposit）市場
CD（譲渡性預金）を売買・再割引する市場

CP（Commercial Paper）市場
資金調達目的で振り出した無担保の約束手形を売買・再割引する市場

TB（Treasury Bill）市場
満期が短期の国債（日本では短期国債、欧米では財務省証券）を売買する市場

債券現先市場
債券を条件付き（現買い・先売り、現売り・先買い）で売買する市場

表 12.2　ユーロ市場発展の経緯

1950年代後半 イギリスの銀行は、英ポンド取引に対するイギリスの厳格な為替管理を回避するためイギリスにある外貨預金を利用し、これが契機となって西ヨーロッパの銀行による米ドル預金の積極的な勧誘につながった。 また、アメリカの国際収支の悪化（貿易赤字）が他国によるドル保有の増加につながった。 1950年代の終わりには、欧州市場で米ドルの預金・貸出が行われるようになった。外国通貨インターバンク市場は、銀行間で国際金融取引を行う中心的な市場となり、国際金利としてのLIBOR が誕生した。
東西冷戦の激化 当時、米ドルは事実上世界中で受け入れられている唯一と言ってもよい国際通貨であったが、東西冷戦が激化するにつれて、ソ連はアメリカ政府が在米ソ連ドル預金を凍結することを懸念し、アメリカ外の銀行（主に英仏の銀行）にドル預金を持った。
1960年代〜 70年代　米国の金融規制からの逃避 アメリカの金融規制（金利上限規制、準備金規制、金利平衡税等）を回避するため、多くのアメリカの銀行は業務の一部を規制が少ないユーロ通貨市場に移した。
1970年代　オイルショック以降 OPEC 諸国は、オイルマネーの一部をユーロ市場に投資し、ユーロ市場は産油国が得た巨額のドル（オイルダラー）が世界に還流する場となった。

　国際金融市場のうち伝統的市場が世界で最も大きいのはイギリスのロンドン市場である。当初、ロンドン市場は手形市場とコール市場が発展し、後に TB市場が登場した。一方、20世紀に台頭したのがニューヨーク市場で、BA 市場、外債市場そして TB 市場が発達した。

12.1.3　オフショア市場

　オフショア市場は、本国以外で当該国通貨建ての取引が行われる場であり、主として非居住者を相手とする資金調達や資金運用が、国内金融市場の取引とは分別して行われる国際金融市場を指す。税制や金利、為替管理等の金融規制の制約が少なく、より自由な資金調達や金融取引を行うことができる。

　オフショア市場（ユーロ市場）は、規制が緩やかなことと、金融自由化や金融イノベーション[1]が進んでいることから、1950年代以降発展してきた（**表12.2**）。とりわけ大きく拡大したのが 2 度のオイルショック時である。巨額の

第12章　国際金融市場　　**191**

外貨（米ドル）での石油代金収入（オイルダラー）を得た産油国は、ロンドンの金融機関に米ドル預金を行うなどし、これが原資となって非産油途上国向けにシンジケート・ローン[2]が供与された。

オフショア市場で取引される通貨の種類は多いが、米ドルが大きなウエイトを占めている。アメリカ以外に所在するオフショア市場で米ドル建て取引が行われるのは、アメリカより米ドル金利が高い、金融規制が緩やか、といった理由による。

オフショア市場は主に3つの形態に分けられる。ひとつは内外一体型オフショア市場である。ロンドン市場、香港の人民元オフショア市場のように、オフショア市場と国内市場の間に境界がなく、両市場の間で自由に資金を移動させることができる。2つ目の形態は内外分離型オフショア市場である。そこでは、オフショア市場と国内市場の間の資金取引が別個に管理されており、自由な資金移動はできない。ニューヨークのIBF（International Banking Facilities）、シンガポールのACU（Asian Currency Unit）、日本の東京オフショア市場などが内外分離型のオフショア市場である。

オフショア市場の3つ目の形態が**タックス・ヘイブン**（租税回避地）型オフショア市場である。パナマ、ケイマン、バハマ、バミューダの市場のように、市場自体が無税または低税率で金融取引ができる市場がタックス・ヘイブン型オフショア市場に該当する。これらの市場は、金融市場としての実体はほとんどない。その国や地域にペーパーカンパニー[3]を設立し、記帳だけを現地で管理することで無税または低税率を享受することができる。

オフショア市場では金融面、税制面の制約が少なく金融取引を行うにあたって有利な面がある。一方、その有利さや取引内容の高い秘匿性で、一部では脱税やマネーロンダリング[4]の温床ともなっており、近年国際的に監視が強化さ

1）金融イノベーションとは、金融サービスやシステムを新しい技術やアイデアを活用して革新することを指す。
2）シンジケート・ローンとは、複数の金融機関が共同で1つの企業やプロジェクトに行う融資を指す。
3）ペーパーカンパニーとは、法人として設立登記されているものの、主に税金対策のために設立されたもので、営業活動がない会社を指す用語。

192 第Ⅱ部　国際金融

12.1.4　東京オフショア市場（Japan Offshore Market: JOM）

　オフショア市場は様々な国や地域に存在するが、市場によって規制基準や透明性が異なっている。日本では、1986年12月に円の国際化を目指して「**東京オフショア市場**（Japan Offshore Market: JOM）」が開設された。東京オフショア市場は、東京市場を国際金融センターとして発展させるために、金融・税制の措置を講じることで創設された内外分離型のオフショア市場である。取引参加者は、非居住者および特別国際金融取引勘定（オフショア勘定）をもつ国内の金融機関に限定され、国内の金融機関がオフショア市場に参加するためには財務大臣の承認を得てオフショア勘定を開設し、通常の国内資金取引とは会計を分ける必要がある。

　東京オフショア市場では、非居住者を取引の相手方として国外から調達した資金を国外で運用する取引（「外－外取引」）が行われている。例えば、非居住者から預金を受け入れ、これを他の非居住者に貸し出すといった取引である。非居住者間取引では金融規制、源泉税などはなく、制度や規則の制約が少ない。

　東京オフショア市場は、金利裁定取引の増加や海外のオフショア市場との資金取引活発化などで拡大し、当初は資金取引だけであったものが1998年4月からは有価証券も取引対象となった。その後、アジア通貨危機や国内大手金融機関破たんなどによる残高減少は乗り越えたものの、円が低金利であるなど市場の魅力が乏しく、2015年以降取引は低調となってきた。しかし、22年以降日米金利差拡大と円安にともなって取引が急増した。円を買って米ドルに投資するキャリートレードに使われていると目されている。

　日本は、安定した政治、良好な治安・生活環境があり、大きな経済、豊富な個人金融資産に加えて大きな金融機関も多数存在することから、東京などに世

　4）マネーロンダリング（資金洗浄）とは、麻薬取引や犯罪で取得した不正資金など、違法な手段で入手したお金を、架空口座や他人名義口座などを利用して転々と移転することで出所を分からなくして、正当な手段で得たお金と見せかけること。

界から人材、金融機関や資金を呼び込む国際金融センターを作る構想がある。この構想は、オフショア市場とは別物で、東京などを世界的な国際金融センターにすることを目指す構想である。

　しかし、課題は多い。日本の法人税、所得税ともに国際的に見れば税率が低いとは言えず、タックス・ヘイブン型オフショア市場はもとより、国際金融センターであるロンドン市場や香港市場と比べても魅力は乏しい。また、魅力ある金融商品も相対的に少なく、英語が話せる人材も少ない。政府は、構想実現に向けて規制緩和などを進めており、東京などに国際金融センターができれば、内外の高度人材が集積することで国際的なビジネス交流の場が創出され、国際会議の増加などで日本経済の活性化やグローバル化に資することになる。

12.2　国際金融市場を支える枠組み

12.2.1　金融のグローバル化

　世界では経済のグローバル化とともに金融もグローバル化している。経済のグローバル化では、資本や労働力の国境を越えた移動が活発化するとともに貿易を通じた商品・サービスの取引や海外への投資が増大することによって、世界における経済的な結びつきが深まっている。金融のグローバル化について言えば、世界においてマネーがますます増加するとともに、国際的な金融取引も加速度的に増大している。

　金融のグローバル化の背景にあるのは、国際資本移動の拡大、緩和的な金融政策、通信・金融技術の発達による金融サービスのグローバルな拡大、裁定取引の活発化などである。このうち国際資本移動の拡大では、資本移動に関する規制の緩和が世界的に進んでいることが国際的な資本移動を後押ししている。

　資本規制とは、金融危機時などにおいて自国通貨の暴落や預金の流出などによる金融システムの混乱を防ぐために、また、経済に悪影響を及ぼす通貨変動を防止するために、海外への送金の制限など資金の流れを規制する措置を指す。近年では、新興国の高い経済成長で海外から直接投資・証券投資等の投資目的での資金流入が増加し、新興国も海外資金を呼び込むために資本規制を緩和したことで、世界的に資本規制の緩和傾向が続いてきた。コロナ禍が厳しか

194　第Ⅱ部　国際金融

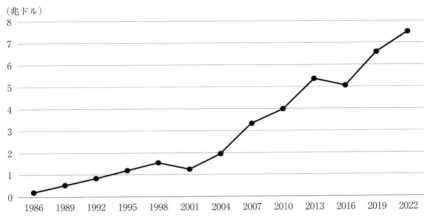

図12.1　世界：外為取扱高の推移

(注)　1日平均。BIS加盟国ベース
(出所)　BIS

った2020年には、パンデミック関連の要因によって資本流入と資本流出双方を抑える規制を強化する国が増加したものの、2021年には再度緩和の方向に向かった[5]。

　国際金融市場拡大の大きな要因となっているグローバルな金融サービス拡大では、経済のグローバル化にあわせて外国為替取引が拡大しており、貿易取引や直接投資に加えて、ますます国際金融市場での証券投資や新たな金融商品への投資が増加している。国際決済銀行（BIS）の調査[6]によると、世界の外為取扱高は毎年平均12％ほど増加し、2022年の1日平均外為取扱高（7兆5,060億ドル）は1986年（2,060億ドル）の約36倍に増加している（**図12.1**）。

　80年代以降、先進国から新興国への直接投資も拡大している。企業はサプライチェーン[7]をグローバル化し（グローバル・サプライチェーン）、世界の適地

---

5) IMF, "Annual Report on Exchange Arrangements and Exchange Restrictions 2022," 2023/7
6) 国際決済銀行（BIS）, "2022 Triennial Central Bank Survey of Foreign Exchange and OTC Derivatives Markets," 2022/11

第12章　国際金融市場　195

で部品ごとに生産し、組み立てるようになっている。一方、投資では、直接投資以上に証券投資の割合が増大している[8]。

　一般的に、資本の蓄積が進んでいる先進国（資本蓄積国）の資本の収益率は資本が不足している新興国（資本不足国）より低い。したがって、国境を越えた資本移動がより自由になれば、資本は先進国（資本蓄積国）から新興国（資本不足国）に直接投資などの形で流れて新興国の経済成長が高まることになる。しかし、世界金融危機以降の主要新興国の資金流出入では、直接投資資金が安定的に流入しているものの、証券投資の流入が不安定となっている。また、直接投資と証券投資以外の貸付などの形態による投資は流出基調となっている。

12.2.2　IMF 改革

　金融がグローバル化すれば、国際的な資本移動も増えて世界経済に影響を与えることになる。グローバル化は基本的には世界経済の成長を支える。しかし、ファンダメンタルズが悪化している国では、急激な資金流出が生じ、金融危機が発生する事態も往々にして生じてきた。

　中でも、世界金融危機やユーロ危機は、先進国に金融危機が発生し、それが他国に急速に伝播したことで金融市場の国際的な連動性が高まるものであった。そのため、それまでの途上国の金融危機に対して個別に IMF や先進国が救済措置を採る対応では解決が困難になった。そこで、世界的な金融危機の発生や深刻化を防ぎ、金融システムの安定性を守るために、国際通貨基金（IMF）の改革と機能強化がなされるとともに、国際金融協力や国際協調の枠組みが整備されることになった。

　このうち IMF は、それまで金融危機に陥った国々に対して金融支援を行ってきたが、従来の融資制度は危機への事後的対処を主目的としたスタンドバイ

7）サプライチェーンとは、製品や商品が生産者から消費者に届くまでの一連の生産・流通の流れ、すなわち原材料調達から製造、流通、販売、サービスまでの供給の一連の流れを指す用語。

8）IMF, "International Financial Statistics"

取極（SBA）と拡大信用供与措置（EFF）が中心であった。しかし、ギリシャ危機[9]を機に、従来の融資制度に加え、健全な政策運営を行う加盟国が危機予防を目的として多額のクレジット・ライン（信用与信枠）を設置することを可能とするフレキシブル・クレジット・ライン（FCL）、予防的クレジット・ライン（PCL →後に予防的流動性枠（PLL）に変更）が創設された。同時に、国際通貨制度を監視し、IMF加盟国の経済政策や金融政策をモニタリングするサーベイランス機能も強化された。

また、世界金融危機でのIMFに資金供与を求めるニーズの高まりを機に、2009年4月のG20ロンドン・サミットではIMFの資金基盤を最大5,000億米ドル増額することが合意された。さらに2010年12月には、IMF加盟国の出資（クォータ）総額の倍増も決定され、2016年1月に発効し、IMFの一連の機能強化に向けた改革が実施されることとなった。

12.2.3　地域金融協力と国際協調

地域金融協力の深化も、国際金融市場の安定には欠かせない枠組みになっている。1990年代のアジア通貨危機を契機として、IMFのような世界的な国際機関による金融支援を補完する地域金融協力の必要性がアジア各国間で認識された。その結果合意されたチェンマイ・イニシアティブは、ASEAN、日本、中国、韓国の間での2国間通貨スワップ協定であり、通貨危機の際に各国が外貨準備を融通する地域金融協力の仕組みを構築するものであった。

ギリシャ危機を機に、欧州でも地域金融協力の枠組みが整備された。ギリシャ危機では、トロイカと称されたIMF、欧州連合（EU）、欧州中央銀行（ECB）の3機関の協力体制による支援が行われた。さらに、金融危機時におけるユーロ加盟国への金融支援のために、ユーロ圏では欧州安定メカニズム（ESM）[10]が設立された。

9）2009年末に前政権による財政赤字隠蔽が発覚したギリシャが陥った債務危機。ギリシャ危機はほどなくユーロ圏他国に広がり、ユーロ危機につながった。

10）欧州安定メカニズム（European Stability Mechanism：ESM）は、ユーロ圏の金融システムが脅かされた場合に、信用不安に見舞われ、資金繰りが困難になったユーロ圏加盟国を支援し、ユーロ圏の金融システムの安定を図ることを目的に創設された機関である。

表 12.3　バーゼル規制（バーゼルⅠ、Ⅱ、Ⅲ）

バーゼル規制のうちバーゼルⅠは、国際的な銀行システムの健全性の強化と、国際業務に携わる銀行間の競争上の不平等の軽減を目的として策定された。これにより、銀行の自己資本比率の測定方法や、8％以上とする達成すべき最低水準が定められた。

バーゼルⅡでは、達成すべき自己資本比率の最低水準8％以上はバーゼルⅠと変わらないものの、銀行が抱えるリスクの計測方法精緻化などが行われた。

バーゼルⅢでは、銀行が想定外の損失に直面した場合でも経営危機に陥ることのないよう、自己資本比率規制が一層厳格化された。また、急な資金の引き出しに備えるための流動性規制や、過大なリスクテイクを抑制するための制度等もバーゼルⅢで導入された。金融システム全体の安定性を維持するというマクロ・プルーデンス（※）の観点が重視されている点も一つの特徴である。

（※）マクロ・プルーデンスとは、銀行個別の健全性ではなく、金融システム全体のリスクの状況を分析・評価し、政策対応を図ることで、金融システム全体の安定を確保する考え方

　国際的な金融協力は、IMF やその他の国際機関に加えて、先進国が中心となって組成された金融安定理事会などにより、国際協調の形によっても行われている。**金融安定理事会**（Financial Stability Board：FSB）は、国際決済銀行（BIS）を事務局として主要25か国・地域の中央銀行、金融監督当局、財務省、主要な基準策定主体、IMF、世界銀行、BIS、OECD 等の代表が参加する組織である。国際的な金融システムの安定を目的に、国際金融に関する措置、規制、監督などにおいて当局間の協調促進に向けた活動などが行われている。

　同様に、1974年に G10諸国の中央銀行総裁らの合意により、スイスのバーゼルで創設された組織が**バーゼル銀行監督委員会**である。国際決済銀行（BIS）に事務局を置き、銀行を対象とした国際金融規制を議論する場となっている。そして、金融危機の度に銀行の信用リスク[11]が問題視されてきたことから、1992年にバーゼル銀行監督委員会で合意された国際的な金融規制が、国際的に活動している銀行に健全性確保の観点から十分な自己資本を保有することを義務づけた**バーゼル規制**である（**表12.3**）。

　バーゼル規制（バーゼルⅠ）では、達成すべき最低水準の自己資本比率を8

11）信用リスクとは、信用供与先の財務状況の悪化などで資産の価値が減少ないし消失して
　　金融機関が損失を被るリスクのことを指す。

％以上とすることが定められた。日本では、1992年度末から、バーゼルⅠが本格的に適用されたが、自己資本比率8％以上が求められている国際統一基準行と、海外に営業拠点を持たないため自己資本比率目標が4％以上に緩和されている国内基準行が併存している。

　バーゼル規制は、その後、金融取引の多様化などに対応するバーゼルⅡが2004年に合意された。そして、2007年以降の世界的な金融危機を契機に、世界的な金融危機の再発を防ぎ、国際金融システムのリスクへの抵抗力を高めることを目的としてバーゼルⅢが策定された。バーゼルⅢは、2013年から段階的に実施され、2017年に最終合意に達した。

12.3　国際金融市場の課題

12.3.1　グローバル・インバランス

　2000年以降顕著になったのは、アメリカの巨額の経常収支赤字が続く一方で、中国、産油国、ドイツなどの国々の経常収支黒字が継続し、拡大するという状況である。この問題は、**グローバル・インバランス問題**と呼ばれる。

　グローバル・インバランスが世界経済にもたらす影響として、ひとつにはアメリカの経常収支赤字が累積する結果、その債務返済能力に疑念がもたれた場合には米ドル急落や金融市場の混乱、あるいはアメリカの景気が悪化し、それが世界に波及する可能性が考えられる。また、グローバル・インバランスが急激に是正される場合も、アメリカの経常収支赤字とアメリカ以外の国の経常収支黒字が大きく圧縮され、輸出と経常収支黒字で経済成長を図っている国々を中心に世界経済が急激に悪化する可能性が高まることになる。

　もっとも、グローバル・インバランスがあるからといって、すべての国の経常収支がゼロであることが望ましいわけではない。国どうしが互いに不足している不可欠な財を輸出あるいは輸入することで生じる経常収支の不均衡は、長期的にこれらの国々の経済成長に結びつくもので、むしろ好ましい場合もある。

　しかし、経常収支赤字で対外支払のほうが多いということは、それだけ国内の有効需要が海外に流出していることを意味しており、経常収支赤字は国内の所得水準を下げ、失業増を引き起こす可能性もある。また、国際収支の不均衡

第12章　国際金融市場　　199

があまりに大きく、かつ持続的なものとなると、その国については将来債務の返済ができるのかという懸念が生じることにもなる。そのような懸念が世界的に広がると、懸念を持たれた国は対外的に資金が借りにくくなり、政府債務を返済できない状態に陥ることで債務危機につながる可能性もある。

　一方で、経常収支黒字が大きいことは、貿易不均衡を経常収支赤字国から非難され、国際的な貿易摩擦につながる可能性もある。時々の資源価格や世界の経済金融情勢などによって各国の経常収支は変動するが、各国の国際収支があまりに不均衡にならないようにしてグローバル・インバランスを抑えることが債務危機や貿易摩擦を回避させることになる。

12.3.2 　N−1問題

　グローバル・インバランスの問題には基軸通貨ドルの扱いも係わっている。多くの国、特に自国通貨が国際通貨ではない国は、輸入に必要な外貨を確保する必要があり、貿易収支と経常収支の赤字化を避け、黒字化を図ることになる。その中で、アメリカだけは米ドルが基軸通貨であるために他の国々との国際取引で外貨不足に陥る懸念がない。そうなると、どうしてもアメリカ以外の国々は経常収支黒字を抱え、アメリカは経常収支赤字を抱えがちになる。

　世界にNか国の国が存在し、Nか国がそれぞれ独自の通貨を持っているとすると、この世界にはN種類の通貨が存在することになる。しかし、そこに基軸通貨国がある場合、独立した為替レートはN−1個しかなく、独立した国際収支もN−1個しかないことになる。これは、基軸通貨国がある場合、基本的に各国通貨の交換レートは基軸通貨との対比で決定されるため、世界には独立した為替レートがN個ではなくN−1個しかないことになるからである。また、世界全体の国際収支の合計は常にゼロになるため、N−1か国の国際収支が決まればN番目の基軸通貨国の国際収支も決まることになるからである。

　この、世界にNか国存在して、独立した為替レートがN−1通りあるとの前提に立つと、Nか国がすべて為替レートと国際収支の目標を達成することはできない。このような、各国の国際的な政策目標と実際が非整合になる問題をN−1問題と呼ぶ。

　N−1問題を用いると、基軸通貨国アメリカの経常収支赤字は、他の国々が

経常収支黒字を抱える問題であるということができ、世界的な経常収支の不均衡を指すグローバル・インバランスの問題に帰着する。N−1問題の解決策としては、N−1の国がすべて基軸通貨国との間で固定相場制度を採用し、整合的な金融政策を実施すること、一方で基軸通貨国は他の国々の為替相場と国際収支目標を受け入れることが挙げられる。しかし、この解決策は、独立した財政金融政策を活用して成長を図るアメリカとアメリカ以外の国々双方にとって簡単に受け入れられるものではない。また、N−1問題は基軸通貨国の存在を前提としており、国際通貨制度や基軸通貨をどうするかの問題とも密接に関連する。もっとも、グローバル・インバランスを是正することはアメリカと世界の経済の安定成長にとって重要な課題であり、各国が国際収支の不均衡を是正する方向で協力して取り組むことが求められている。

参考文献

日本語文献

経済産業省（2019）『令和元年版通商白書』

経済産業省（2020）『令和2年版通商白書』

経済産業省（2022a）『令和4年版通商白書』

経済産業省（2022b）「2021年企業活動基本調査確報——2020年度実績」

経済産業省（2023）『令和5年版通商白書』

日本銀行（2013）「国際収支関連統計の見直しについて」日本銀行国際局

日本銀行（2019）「『国際収支関連統計（IMF国際収支マニュアル第6版ベース）』の解説」

    https://www.boj.or.jp/statistics/outline/exp/exbpsm6.htm

日本銀行（2022）「国際収支関連統計 項目別の計上方法」日本銀行国際局

日本貿易振興機構（2018）『ジェトロ世界貿易投資報告2018年版——デジタル化がつなぐ国際経済』

日本貿易振興機構（2020）『ジェトロ世界貿易投資報告2020年版——不確実性増す世界経済とデジタル化の行方』

日本貿易振興機構（2021）『ジェトロ世界貿易投資報告2021年版——新型コロナが変えた世界、持続可能な国際ビジネスの展望』

日本貿易振興機構（2022）『ジェトロ世界貿易投資報告2022年版——混乱極める世界経済、求められるビジネス戦略の再構築』

日本貿易振興機構（2023）『ジェトロ世界貿易投資報告2023年版——分断リスクに向き合う国際ビジネス』

松浦寿幸（2011）「空洞化——海外直接投資で「空洞化」は進んだか？」『日本労働研究雑誌』2011年4月号（No.609）、pp.18-21

若杉隆平編（2011）『現代日本企業の国際化——パネルデータ分析』岩波書店

若杉隆平編著（2024）『基礎から学ぶ国際経済と地域経済（第2版）』文眞堂

英語文献

BIS（2022）"Triennial Central Bank Survey of Foreign Exchange and OTC Derivatives Markets," Bank for International Settlements.

Feenstra, Robert C., and Alan M. Taylor（2014）*International Trade*, Third edition, Worth Publishers.

Geoffrey Crowther (1957) "Balances and Imbalances of Payments," Harvard University, Graduate School of Business Administration.

Helpman, Elhanan, Marc J. Melitz, and Stephen R. Yeaple (2004) "Export versus FDI with Heterogeneous Firms," *American Economic Review*, 94(1), pp.300–316.

IMF (2013) *Balance of Payments and International Investment Position Manual, Sixth edition (BPM6)*, International Monetary Fund.

IMF (2023) *Annual Report on Exchange Arrangements and Exchange Restrictions 2022*, International Monetary Fund.

Krugman, Paul R. (1979) "Increasing Returns, Monopolistic Competition, and International Trade," *Journal of International Economics*, 9(4), pp.469–479.

Krugman, Paul R. (1980) "Scale Economies, Product Differentiation, and the Pattern of Trade," *American Economic Review*, 70(5), pp.950–959.

Laeven, Luc and Fabian Valencia (2008) "Systemic Banking Crisis: A New Database," IMF Working Paper WP/08/224 [published as Laeven, Luc and Fabian Valencia (2013) "Systemic Banking Crises Database," *IMF Economic Review*, 61(2), pp.225–270].

MacDougall, George Donald A. (1960) The Benefits and Costs of Private Investment from Abroad: A Theoretical Approach," *Economic Record*, 36, pp. 13–35.

Marie McAuliffe and Anna Triandafyllidou eds. (2021) *World Migration Report 2022*, International Organization for Migration (IOM).

Melitz, Marc J. (2003) "The Impact of Trade on Intra-Industry Reallocations and Aggregate Industry Productivity," *Econometrica*, 71(6), pp.1695–1725.

Rogoff, Kenneth (1996) "The Purchasing Power Parity Puzzle," *Journal of Economic Literature*, 34(2), pp.647–668.

UNCTAD (United Nations Conference on Trade and Development) (2023) *World Investment Report 2023: Investing in Sustainable Energy for All*, United Nations.

WTO (2013) *World Trade Report 2013: Factors Shaping the Future of World Trade*, World Trade Organization.

WTO (2015) *Understanding the WTO*, Fifth edition, World Trade Organization.

WTO (2023) *World Trade Statistical Review 2023*, World Trade Organization.

索　引

欧　字

CU　→関税同盟
EU　→欧州連合
FDI　→海外直接投資
　──企業……109-111
FTA　→自由貿易協定
GATT　→関税と貿易に関する一般協定
　──体制……68
GDP……3
　──デフレーター……5
IS バランス……129
　──・アプローチ……132
LDC（Least Developed Country）　→後発開発
　　途上国
MFN 原則……71, 79
N−1問題……200
OLI 理論……98
OTC 市場　→店頭市場
PTM　→市場指向価格形成
RTA　→地域貿易協定
SWIFT（スイフト）……138
T.T.B.　→電信買相場
T.T.S.　→電信売相場
TPP　→環太平洋パートナーシップ
　──11　→環太平洋パートナーシップに関す
　　る包括的及び先進的な協定
WTO　→世界貿易機関

あ　行

アジア債券市場イニシアティブ……186
アジア通貨危機……179
アセット・アプローチ……155, 166
アブソープション・アプローチ……132
域内貿易……11, 22
異質企業の貿易モデル……107
異時点間取引……129
一物一価の法則……156
一括受託方式……76

一般均衡分析……51
一般均衡モデル……51
一般特恵関税（GSP）……71
移民……81, 89, 91
インターバンク市場……139
インフレーション……5
ウルグアイ・ラウンド……69, 74
円高……21
円安……21
オイルダラー……192
欧州安定メカニズム……197
欧州連合（EU）……8
オーバー・ザ・カウンター市場　→店頭市場
オーバーシューティング……168
オファー・レート……142
オフショア市場……189, 191
オフショアリング……48, 102
オプション取引……147, 151
オリーン、ベルティル（Bertil Ohlin）……27

か　行

海外アウトソーシング……48
海外直接投資（FDI）……81, 95, 101, 109,
　111-115
外貨建て　→外国通貨建て
外国為替市場……139
外国為替取引……138
外国為替レート……120
外国通貨建て（外貨建て）……140
外債……190
開発途上国……11
外部的規模の経済（マーシャルの外部経済）
　……46
開放経済……121
価格弾力性……22
学習効果仮説……106, 107, 110
貸方（Credit）……125
カバー付き金利平価……162
カバーなし金利平価……162
借方（Debit）……126
カレンシー・ボード……176
為替差益……120
為替スワップ取引……150
為替相場制度……175

為替バンド制……176
為替リスク……149
為替レート……21, 120
　──の決定理論……154
関税……9, 50, 56-58, 65
　──化……72
　──収入……60
　──同盟（CU）……79
　──と貿易に関する一般協定（GATT）
　　……65, 68, 69
間接投資（証券投資）……96
完全雇用……86, 88, 93
完全特化……27
環太平洋パートナーシップ（TPP）……78
　──に関する包括的及び先進的な協定
　　（TPP11）……78
管理フロート……176
機会費用……31, 32
企業の国際化……100, 101, 111, 112. 114
企業の多国籍化……115, 101, 112, 113
基軸通貨……121
基準通貨……136
規模の経済……45-47
キャリー・トレード……164
供給曲線……50
ギリシャ危機……197
銀行危機（金融システム危機）……180
金ドル本位制……174
金本位制……171
金融安定理事会……198
金融危機……179
金融システム危機　→銀行危機
金融収支……125
金融のグローバル化……194
金融派生商品……125
金利平価説……157
クルーグマン、ポール（Paul Krugman）
　　……45
グルーベル＝ロイド指数……41
グローバル・インバランス……127
　──問題……199
グローバル化……2, 119
グローバル・バリューチェーン……16, 48, 99,
　102
クローリング・ペッグ……176

経済厚生……53
経済連携協定……80
経常収支……123
決済通貨……136
限界価値生産……85, 91, 95
限界生産の逓減……85, 95
限界費用……46
交換の利益……27
硬直価格マネタリー・モデル……168
購買力平価（PPP）……157
　──説……157
　──パズル……158
後発開発途上国（LDC）……13
コール・オプション……151
国際価格……52
国際化企業……102, 112
国際金融……118
　──市場……188
　──センター……188
　──のトリレンマ……177
　──（論）……2
国際資本移動……93, 95
　──のモデル……93
国際収支……122
　──統計……17
　──発展段階説……133
国際通貨……121
　──制度……171
国際投資……81, 95
国際貿易機関……68
国際貿易（論）……2
国際要素移動……81
国際労働移動……85, 88, 91
　──のモデル……85, 88
固定相場制度……175
固定費用……46
コルレス勘定……138
コルレス契約……138
コロナ・ショック……6, 7, 19

さ　行

サービス収支……123
サービス貿易……17
　──に関する一般協定……70

財関連サービス……19
最恵国待遇……71
最終財……48
歳出……62
裁定……189
　　——取引……155
再配分による利益……108
財貿易……3
債務危機……180
先物為替取引……142, 143
先物プレミアム・パズル……164
先物レート（フォワード・レート）……143
先渡取引……143
産業間貿易……38
産業内貿易……38, 40-42, 45, 47, 48
　　——指数……41, 42, 44
死荷重……60, 62
時間選好率……129
直先スプレッド……144
直取引（ダイレクト・ディーリング）……139
直物為替取引（直物取引、スポット取引）
　　……140
直物相場　→直物レート
直物取引　→直物為替取引
先物取引……147
直物レート（直物相場）……142
自国通貨建て（邦貨建て）……140
「自己実現的」通貨危機モデル……182
自己選別仮説……106, 107, 110, 111
市場指向価格形成（PTM）……159
市場のモデル……50, 51, 57, 61
実効為替レート……145
実質為替レート……146
実質実効為替レート……145
実質値……4
資本移転等収支……124
資本供給……93
資本市場のモデル……93
資本需要……93
資本の限界生産力……129
資本レンタル……93, 95
従価税……57
自由フロート……176
自由貿易……34, 36, 50, 52-54
　　——協定（FTA）……78, 79

従量税……57
需要曲線……50
準備通貨……136
純輸出……20
上級委員会……74
商業サービス貿易……4
証券投資　→間接投資
　　——収益……124
小国開放経済……52, 57, 60, 61
消費者余剰……53, 54, 58, 62
商品貿易……3
新型コロナ感染症……4
新興国……11
伸縮価格マネタリー・モデル……166
新新貿易理論……107
新貿易理論……45, 47, 109
垂直的製品差別化……46
垂直的直接投資（垂直的FDI）……99, 102,
　　111, 112, 114
スイフト　→SWIFT
水平的製品差別化……46
水平的直接投資（水平的FDI）……99, 101,
　　111, 112
数量制限……72
ストック（残高）……96
スポット取引　→直物為替取引
スワップ取引……147, 150
税関……17
生産者余剰……53, 54, 58, 62
生産性……105, 106-108, 110, 114
製品の差別化……45-47
セーフガード（緊急輸入制限措置）……73
世界恐慌……67
世界金融危機……4, 22
世界貿易機関（WTO）……8, 65, 69, 70, 73, 75,
　　79, 80
　　——を設立するマラケシュ協定……69
絶対的購買力平価……157
絶対優位……30
全要素生産性……105
相殺関税……73
相対価格……26, 33
相対的購買力平価……157
総余剰……54, 58, 60, 62
その他投資収益……124

ソフト・ペッグ……176

た　行

第一次所得収支……123
第1世代モデル……181
対外直接投資……96
対顧客市場……139
第3世代モデル……183
対内直接投資……96
第二次所得収支……124
第2世代モデル……182
ダイレクト・ディーリング　→直取引
多国間貿易協定……77
多国間貿易交渉……69
多国籍化……102
多国籍企業……101, 114, 115
タックス・ヘイブン（租税回避地）型オフショ
　ア市場……192
多様化による貿易の利益……47, 109
ダンピング……72
弾力性アプローチ……132
地域貿易協定（RTA）……78, 79
チェンマイ・イニシアティブ……186
知的財産……69
知的所有権の貿易関連の側面に関する協定
　……70
中間財……16, 48, 102, 111
　　──貿易……16, 48, 102
直接投資……81, 95, 96, 98-101
　　──収益……124
貯蓄投資バランス……129
賃金……85, 89
通貨危機……179
通貨先物取引（フューチャーズ取引）……147
通貨スワップ取引……150
ディスカウント……144
デリバティブ取引……147
電子ブローキング取引……139
電信売相場（T.T.S.）……142
電信買相場（T.T.B.）……142
店頭市場（オーバー・ザ・カウンター市場、
　OTC市場）……139
伝統的な市場……189
投機……189

東京オフショア市場……193
ドーハ・ラウンド……76
ドーハ開発アジェンダ……76
特化……27, 36
　　──と交換の利益……27, 108
　　──の利益……27
ドル化……176

な　行

内外一体型オフショア市場……192
内外分離型オフショア市場……192
内国民待遇……71
　　──原則……71
内部的規模の経済……46
ニクソン・ショック……175

は　行

バーゼル規制……187, 198
バーゼル銀行監督委員会……198
ハード・ペッグ……176
パネル（小委員会）……74
バラッサ＝サミュエルソン効果……160
反ダンピング措置……73
比較生産費説……26, 28
比較優位……25, 26, 28, 32, 33, 36, 38, 45
　　──の源泉……26
　　──の貿易理論……108
非関税障壁……61
ビッド・レート……142
標準国際貿易分類……49
ファンダメンタルズ・モデル……181
フィッシャー方程式……165
フォワード・レート　→先物レート
フォワード取引……143
深い統合……80
深い貿易協定……80
不完全特化……27
プット・オプション……151
部分均衡分析……50, 56
フューチャーズ取引　→通貨先物取引
フラグメンテーション……48, 102, 112
ブレトンウッズ協定……174
プレミアム……144

フロー……96
　　——・アプローチ……154
プロダクト・サイクル理論……98
紛争解決機関……74
紛争解決手続……73
閉鎖均衡……51
閉鎖経済……121
ヘクシャー、エリ（Eli Heckscher）……27
ヘクシャー＝オリーン・モデル……27
ヘッジ……189
　　——ファンド……119
変動相場制度……175
貿易……25, 100
　　——円滑化協定……77
　　——協定……77
　　——自由化……67
　　——収支……20, 123
　　——収支赤字……21
　　——収支黒字……20
　　——障壁……65
　　——政策……50, 56
　　——創出効果……79
　　——転換効果……79
　　——の利益……25, 27, 32, 36, 37, 47, 53, 54, 56, 79, 108
　　——歪曲効果……72
邦貨建て　→自国通貨建て
ポートフォリオ・バランス・モデル……168
保護主義……67
補助金……61, 62, 73

ま　行

マーシャルの外部経済　→外部的規模の経済

マネタリー・アプローチ……132
マネタリー・モデル……166
無差別原則……70, 79
名目為替レート……145
名目実効為替レート……145
名目値……5
メリッツ・モデル……107, 108, 111, 114
モデル……28

や　行

ユーロ市場……189
輸出……100-112
　　——企業……103-106, 108-111
輸入関税……56
輸入割当……60
要素集約度……26
要素比較理論……27
要素賦存度……26

ら　行

リカード、デヴィッド（David Ricardo）
　　……26
リカード・モデル……26, 28
労働移民……83, 85, 91
労働供給……85, 89
労働市場の均衡……86
労働市場のモデル……85, 88
労働需要……85, 89, 91
労働生産性……105
労働投入係数……32

●著者紹介

鎌田伊佐生（かまた　いさお）【第Ⅰ部執筆】
新潟県立大学国際経済学部教授。1994年東京大学法学部卒業。2008年米国ミシガン大学大学院経済学研究科博士課程修了、Ph.D.（Economics）。米国ピッツバーグ大学大学院助教授、米国ウィスコンシン大学大学院助教授、神戸大学大学院経済学研究科准教授、新潟県立大学国際産業経済研究センター教授などを経て、2020年より現職。著書：『国際経済学のフロンティア──グローバリゼーションの拡大と対外経済政策』（木村福成・椋寛編、東京大学出版会、2016年、分担執筆）など。

中島厚志（なかじま　あつし）【第Ⅱ部執筆】
新潟県立大学北東アジア研究所長・教授。独立行政法人経済産業研究所（RIETI）コンサルティングフェロー。1975年東京大学法学部卒業、法学士。日本興業銀行（みずほ銀行）にてパリ支店長、パリ興銀社長、執行役員調査部長などを歴任。みずほ総合研究所専務執行役員調査本部長、独立行政法人経済産業研究所理事長、新潟県立大学国際経済学部教授などを経て、2023年より現職。著書：『大過剰──ヒト・モノ・カネ・エネルギーが世界を飲み込む』（日本経済新聞出版、2017年）など。

日本評論社ベーシック・シリーズ＝NBS

国際経済学
（こくさいけいざいがく）

2024年9月30日　第1版第1刷発行

著　者────鎌田伊佐生・中島厚志
発行所────株式会社　日本評論社
　　　　　　〒170-8474　東京都豊島区南大塚3-12-4
電　話────03-3987-8621（販売）、8595（編集）
印　刷────精文堂印刷株式会社
製　本────株式会社難波製本
装　幀────図工ファイブ

検印省略　©Isao Kamata and Atsushi Nakajima, 2024　ISBN 978-4-535-80617-7

JCOPY〈（社）出版者著作権管理機構　委託出版物〉本書の無断複写は著作権法上での例外を除き禁じられています。複写される場合は、そのつど事前に、（社）出版者著作権管理機構（電話 03-5244-5088、FAX 03-5244-5089、e-mail: info@jcopy.or.jp）の許諾を得てください。また、本書を代行業者等の第三者に依頼してスキャニング等の行為によりデジタル化することは、個人の家庭内の利用であっても、一切認められておりません。